My Body,
My Choice

/

나의 몸,
나의 선택
My Body,
My Choice

낙태권을 / 위한 / 투쟁

로빈 스티븐슨 지음 • 박윤정 옮김

율리시즈

일러두기
'낙태'는 임신 중단, 임신 중지 등으로 부르는 것이 더 적절하겠으나
이 책에서는 보편적으로 사용되는 용어인 '낙태'로 주로 표기했으며
원저자의 뉘앙스에 따른 '임신 종결'이라는 표현도 병행했음을 밝혀둡니다.

나의 친구 팻 스미스에게 커다란 사랑과 존경을 담아 보낸다.
그리고 모두의 생식권과 생식 정의를 위해
연민의 마음을 갖고 헌신적으로 열심히 싸우고 있는
전 세계의 많은 분께 이 책을 바친다.

목 차

들어가며

아마도 뉴스에서 낙태권을 지키기 위해 행진하는 사람들을 본 적이 있을 것이다. 반대로 병원 앞에서 낙태 반대 시위를 하는 사람들도 보았을 테고. 친구나 가족에게서 낙태를 결심했다는 말을 들은 적이 있거나 아니면 당신 자신이 낙태를 경험했을 수도 있다.

낙태는 아주 흔히 행해지는 의료행위다. 북아메리카에서는 45세가 될 때까지 여성 4명 중 1명이 낙태를 경험한다. 지인 중에도 분명 낙태 경험을 가진 사람이 있을 것이다. 하지만 대개의 경우 주변에 그런 이가 있을 것이라고 생각하지 못하는 이유는 많은 사람이 낙태를 여전히 오명으로 여겨 자신의 경험을 이야기하지 않기 때문이다.

낙태를 그릇된 일이라고 생각하는 사람들은 흔히 낙태를 불법화하거나 최소한의 시술조차 받기 어렵게 만들려고 한다. 하지만 그렇게 한다 해도 낙태는 줄어들지 않는다. 오히려 위험하게 만들 뿐이다. 훈련된 의사가 시술하면 낙태도 안전하다. 출산보다 10배는 더. 낙태가 합법화되기 전 캐나다와 미국에서는 많은 여성이 위험한 불법 낙태로 사망하거나 심각한 손상을 입었다. 지금도 전 세계적으로

1970년 '평등을 위한 여성 쟁의'*. 수많은 페미니스트가 뉴욕의 거리를 행진했다. 사진 속 워싱턴 DC처럼 전국 여러 곳에서 조직적인 시위가 벌어졌다. 언제든 자유롭게 낙태할 수 있는 권리도 이들의 목표 중 하나였다.

수만 명의 여성이 해마다 위험한 낙태로 죽어간다.

지난 50년간 낙태권 지지자들은 안전하고 합법적인 낙태를 보장 받는 세상을 위해 열심히 투쟁해왔다. 그러나 반대가 극심했고 이런 반대는 때로 폭력적인 양상을 보이기도 했다. 힘겹게 승리를 쟁취했 어도 자기 몸에 대한 여성의 통제권은 여전히 위협받고 있다.

다행히 전 세계에서 침묵을 깨고 금기를 산산조각 내며 낙태를 거 론하는 이들은 사람들을 교육하고 정부에 로비하는 일에도 열심이 다. 또 낙태할 돈이 없는 이들을 위해 기금을 모으고, 낙태를 범죄로 여기는 국가에서 안전하게 낙태받을 수 있게 인터넷의 힘을 빌려 사 람들을 돕고 있다.

이 책은 다양한 유형의 활동가를 소개할 것이다. 이 중에는 1970 년 낙태 캐러밴Abortion Caravan**에서 자동차로 캐나다를 횡단한 여성들

---

* 1970년 8월 26일, 여성의 투표권을 보장하는 수정헌법 19조 통과 50주년 기념일에 열렸다. 이 쟁의 에서는 자유로운 낙태와 직장내 성 평등, 자유로운 육아라는 3가지 주요 목표도 주창했다.

** 1970년에 '밴쿠버 여성회의'가 캐나다에서 결성한 페미니스트 운동. 이들은 낙태의 법적 허용을 제 한하는 1969년의 형법 개정안에 반대하기 위해 캐러밴을 결성해 밴쿠버에서 오타와까지 이동하며 시위를 했다.

낙태 합법화 지지 행진.
2012년 아일랜드 더블린

도 있다. 시카고의 페미니스트들은 낙태를 불법으로 금지하는 시대에 안전한 낙태법을 가르쳤다. 그들은 보트를 이용해 공해상에서 낙태할 수 있게 해주었고 지역 단체들은 크라우드펀딩을 통해 낙태 클리닉을 열었으며, 학생들은 웹사이트를 개설해서 낙태 서비스를 받을 수 있게 도왔다. 의사들 또한 일상적인 괴롭힘과 폭력의 위협 속에서도 죽음을 무릅쓰고 낙태를 해주었다.

생식권을 옹호하는 전 세계 젊은이들은 사람들을 교육하고, 변화를 위해 로비하고, 원치 않는 임신에 직면한 사람들을 도왔다. 이처럼 용감하고 창의적이며 열정적인 새로운 세대의 활동가들이 낙태권을 위한 오랜 싸움에 동참하고 있다. 이 책은 이 싸움의 역사와 미래에 관한 것이다.

유산, 인공유산, 낙태

태아가 살아남을 수 있을 만큼 충분히 성장하기 전에 자연적으로 임신이 종결되는 것을 자연유산 혹은 유산이라 한다. 임산부의 약 10~25%에게서 일어난다. 사람들이 말하는 낙태는 일반적으로 인공유산 즉, 계획적으로 임신 상태를 종결하는 것을 의미한다. 이 책에서 말하는 낙태는 이 인공유산을 가리킨다. 이런 유산의 대다수는 임신 첫 3개월 동안에 일어난다.

임신을 종결하는 데는 두 가지 방법, 즉 외과적 유산과 의학적 유산이 있는데 캐나다와 미국에서는 두 방법 모두 흔하고 안전하게 쓰인다.

외과적 유산

북아메리카에서 행해지는 대부분의 유산은 의원이나 종합병원에서
집도하는 외과적 유산이다. 임신 초기 3개월 동안의 가장 흔한 외과
적 유산은 흡입 유산 혹은 진공 흡입으로, 환자의 자궁경부를 확장한
후 캐뉼라cannula라는 가느다란 관을 삽입하여 튜브에 연결한 다음, 자
궁의 내용물을 부드럽게 흡입해 비워낸다. 전체 과정을 마치는 데는
5분도 안 걸린다.

또 다른 방법은 확장dilation과 흡입evacuation 혹은 D와 E라고 부른
다. 이 방법은 일반적으로 임신 기간이 더 되었을 때 사용한다. 자궁
을 비워내는 의료기기와 흡입을 모두 사용하며, 시간은 15분까지 소
요된다.

이러한 과정이 진행되는 동안 거의 모든 환자가 생리통과 유사한
경련을 경험하는데 그 강도는 가벼운 수준에서 심각한 수준에 이르
기까지 다양하다. 그래서 환자들은 때로 이완을 돕는 진정제와 통증
치료를 받는다. 그러고 나면 보통은 다음 날 정상적인 활동을 재개할
수 있다.

의학적 유산

미국에서는 유산의 20%가 외과수술이 아
닌 알약을 통해 이루어진다. 몇몇 나라에
서도 행해지는 이런 유형의 유산을 의학적
유산이라고 하며 이 방법에서는 임신을 종
결짓는 여러 처방 약을 사용한다. 미페프
리스톤mifepristone과 미소프로스톨misoprostol

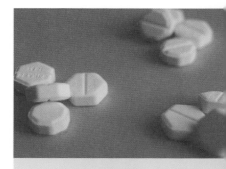

임신중절제는 임신을 종결짓는 안전하고
효과적인 수단이다.

'전국 유산 기금 네트워크'의 생식권 옹호자들이 전하는 메시지. 낙태는 너무 흔해서, 주변엔 알게 모르게 낙태 경험자가 있고 우리는 이들에게 관심을 두고 있다는 것.

같은 것인데 이 처방약들을 흔히 '임신중절제'라고 부른다. 루Ru-486로도 알려진 임신중절제가 캐나다에서는 미페지미소Mifegymiso로 판매되고 있다(임신중절제와 응급피임약은 다르다. 응급피임약은 임신을 막아주는 사후피임약 혹은 플랜 비Plan B로도 불린다).

임신 첫 10주 동안에는 의학적 유산이 외과적 유산의 대안이 될 수 있어서, 알약으로 자연유산과 비슷한 유산을 유도해낼 수 있다. 그러나 자궁을 비워내는 과정에서, 몇 시간에서 며칠에 걸쳐 월경 과다 시기처럼 출혈과 경련이 일어날 수 있다. 이런 유산은 집에서도 가능하며 경련으로 인한 고통은 처방전 없이도 살 수 있는 진통제로 다스릴 수 있다. 외과적 유산처럼 대부분의 환자는 다음 날 정상 활동이 가능하다. 연구에 따르면 의학적 유산은 외과적 유산의 안전하고 효과적인 대안이 될 수 있다.

낙태를 선택한 사람들

많은 사람이 낙태한다. 전 세계적으로 해마다 5천만 명도 넘게 낙태를 하고 있다. 캐나다에서는 전체 임신의 약 40%가 계획에 없던 것으로, 이 중 절반은 끝까지 임신 상태를 유지하지만 나머지 반은 임신을 종결한다. 미국에서는 해마다 약 1백만 명이 낙태하는데 이 중 12%가 십 대다. 캐나다는 25세 미만이 반가량을 차지한다. 또 낙태 여성 대부분이 이미 최소한 한 명의 자녀를 두었고, 거의 반이 남성 파트너와 함

종교와 국적, 소득 수준, 인종, 문화적 배경에 상관없이, 임신을 종결짓기로 결정하면 낙태 서비스를 이용할 수 있어야 한다.

께 살며, 반 이상은 임신이 된 달에 피임을 하고 있었다.

또 종교적 배경에 상관없이 낙태한다. 2014년 미국에서 실시한 연구 결과, 낙태 여성의 17%는 개신교도, 13%는 복음주의적 개신교도, 24%는 가톨릭교도, 38%는 무종교인이었다. 나머지 8%는 다른 종교를 믿는다고 대답했다.

낙태는 모든 문화와 인종과 민족에서 일어난다. 미국의 경우, 이민자의 낙태율과 미국에서 출생한 사람의 낙태율은 같다. 그리고 고등학교와 단과대 혹은 종합대학 학생도 낙태를 경험한다. 대부분 가난한 저소득자들이다. 또 거의 모두가 여성이지만, 남성도 여성도 아닌 제3의 성을 가진 사람과 남성 성전환자 중 자궁을 갖게 돼 원치 않는 임신을 경험하는 이들도 있다.

낙태를 선택하는 데는 여러 이유가 있다. 아이를 키울 여력이 없

어서, 혹은 다른 아이들을 돌보고 있어서 그런 결정을 내리는 이들도 있다. 한편 아이가 생기면 업무나 학업에 방해가 되리라는 생각에 낙태하는 이들도 있다. 또 그냥 아이를 원치 않아서 낙태하기도 한다.

연령과 종교, 국적, 믿음, 삶의 환경이 어떻건, 이 모두에게는 한 가지 공통점이 있다. 임신했지만 임신을 지속하기를 원하지 않는다는 점이다.

저자 노트

이 책을 쓰기 위해 참고한 통계와 연구, 역사 자료는 대부분 구체적으로 여성을 언급하고 있으며, 그 경우 나도 원래의 자료를 반영하는 용어를 사용했다. 그 외의 경우에는, 임신이나 낙태 경험자들을 언급할 때마다 성전환자까지 포함하는 용어를 사용했다.

기혼 여성들을 위한 조언

산부인과 교수 레스텔 부인. 30년 이상의 경력. 여성에게 나타나는 이상 증세와 장애 일체 즉각 해결. 챔벌러가 162번지에서 확실한 상담 가능. 백발백중의 프랑스제 여성용 알약 상비. No. 1은 1달러. No. 2는 No. 1보다 4배 강력해 절대 실패하지 않으며 안전하고 몸에도 양호. 가격은 5달러. 우편 발송 가능. 리버티가 근처 그리니치가 152번지 약국에서도 판매. 레스텔 부인은 유사품에 경고하는 것을 의무로 생각함. 유사품은 돈뿐만 아니라 건강까지 앗아갈 수 있음.

1장

낙태의 역사 돌아보기

세계 곳곳에서 여성은 언제나 원치 않은 임신을 약초나 다른 조제약으로 종결지어왔다. 중국의 오래된 이야기에 의하면, 신화적인 제왕 신농神農*은 5,000년 전에 독성이 강한 수은으로 유산을 유도했다. 3,500년 전에 쓰인, 세계에서 가장 오래된 의학 문서의 하나인 이집트의 에베르스 파피루스Ebers Papyrus에도 낙태의 증거가 기록되어 있다.

약 20m 길이 두루마리로 되어 있는 에베르스 파피루스에는 아라비아고무와 대추, 꿀 같은 재료로 유산을 유도하는 방법들이 적혀 있다.

고대 그리스의 철학자 플라톤은 산파의 가장 중요한 역할의 하나가 낙태라고 했다. 500년 후 그리스의 의사 소라누스**는 의학 교재에 유산 유도법 설명까지 담았지만 그 방법들 중 효과적인 것은 없었고 몇몇은 매우 위험하기까지 했다. 예컨대 그

---

* 의학과 농업을 창시한 중국 신화시대의 제왕. 중국문화의 결정체인 한방약의 토대를 만든 존재로도 유명하다.

** 2세기경 그리스의 의사. 시진과 촉진, 청진의 진단법을 완성하고, 산과와 부인과, 소아 과학에 대한 귀중한 저술도 남겼다.

는 임산부에게 이런 방법을 제안했다. 임산부는 '활발히 걸어다니고, 짐을 끄는 동물에 의해 몸이 흔들리도록 해야 하며, 힘차게 뛰어오르고, 힘에 부치는 무거운 것들을 날라야 한다.'

그는 약초를 달여서 마시거나 입욕제로 쓰는 방법도 추천했다. 또 여성들에게 '상대적으로 아주 많은 양의 피를 내보내'라고 했다. 이 방법은 좀 충격적으로 들리지만 그렇게 놀랄 일도 아닌 것이, 적어도 5세기부터 19세기 말까지는 출혈이 광범위한 질병에 가장 흔한 치료법으로 쓰였기 때문이다.

중세에는 '태동'이 일어나 임산부가 태아의 움직임을 처음으로 느껴야 임신이 시작된 것으로 여겼다. 그런데 태동은 보통 임신 16주에서 18주 사이에 일어난다. 그때까지는 임신으로 간주하지 않았으므로 여성들은 월경이 시작되기를 바라며 흔히 약초 혼합액을 마셨다. 요컨대 아주 최근까지도 많은 지역에서는 생식능력을 통제할 여성의 권리와 원치 않은 임신을 조기에 종결지으려는 시도를 제한하지 않았던 것이다. 그런데 무엇 때문에 바뀐 걸까?

인종차별주의와 노예제도

식민지 시대 미국은 오랜 영국법에 따라 태동 전까지의 낙태를 법적으로 허용했다. 1787년 미합중국 헌법을 채택했을 때도 낙태를 공개적으로 알리고 허용했다. 임신을 막는 현대적 방법보다는 덜 효과적이었지만 피임법(산아제한)도 사용했다. 그러다 1800년대 중반에 이르러 낙태를 불법화하는 법안들을 통과시키기 시작했다.

중세의 약초 안내서에 여성들이 절구와 절굿공이로
박하의 일종인 페니로얄을 빻는 모습이 그려져 있다.
페니로얄은 히포크라테스 시대부터 대중적으로 사용된 낙태제다.
1800년대 말 약제사들은 쑥 국화와 루타 뿌리, 목화씨, 삼나무진,
장뇌 같은 약재와 함께 '페니로얄 알약'도 팔았다. 이런 약재를
이용하는 기술은 원래 아프리카에서 미국으로 전해졌다.

PRESERVE
4000 YEARS FOR CHOICE!

www.4000yearsforchoice.com

산아제한과 낙태를 법률로 금지한 주요 이유 중 하나는 인종차별주의에 뿌리를 두고 있다. 입법자들은 백인이 계속 다수로 존재하기를 원했다. 그러려면 백인 여성이 아기를 많이 출산해야 하므로 낙태를 법률로 금지하는 동시에 인종차별적인 이민 정책으로 미국에 입국할 수 있는 사람들을 제한하기 시작했다. 새로운 이민자들이 인구 대다수를 차지하는 것이 두려웠기 때문이다. 실제로 이민자의 출산율은 백인 여성의 출산율보다 높았다.

생식권과 자유의 역사는 인종차별주의의 역사와 뒤얽혀 있다. 오래전 1600년대부터 유럽의 백인 정착민들은 부와 주도권을 강화하기 위해 여러 가지 '산아제한' 전략을 적극적으로 사용했다. 1662년 이런 목적으로 생식을 이용하려는 첫 번째 법안이 통과되었다. 이 새로운 법에 따라 신생아는 노예든 자유로운 시민이든, 법적으로 어머니와 같은 지위를 갖게 되었다. 이로써 노예에게서 태어난 신생아는 노예 소유주의 소유물이 되었다. 이렇게 출생과 동시에 노예 신분이 된 많은 아기가 어머니와 떨어져 멀리 팔려나갔다. 1807년 노예 수입 금지법이 의회에서 통과된 후, 노예 소유주들은 여성 노예를 반드시 임신과 출산을 하도록 만들려고 했는데, 그래야 미래의 노예들을 얻을 수 있기 때문이었다. 이로 인해 강간과 강제 출산이 비일비재하게 되었다.

노예가 된 여성들은 뭉쳐서 대항할 방법을 찾았다. 임신을 피하고자 약초를 피임약으로 쓰는 방법을 공유했다. 개중에는 산파들도 있어서 은밀하게 낙태를 도왔다. 이처럼 아기를 노예의 삶에 끌어들이기를 거부하는 것, 노예 소유주를 위한 새로운 노예의 생산을 거부하는 것은 노예제도가 지속돼 온 오랜 세월 동안 여성 노예들이 선택한 저항의 한 방식이었다.

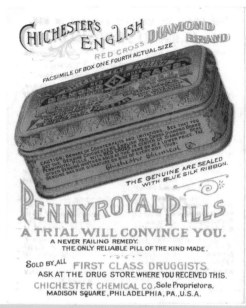
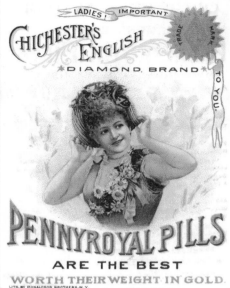

빅토리아 시대와 1900년대 초반, 월경을 유도하는 알약 광고는 흔했다. 이런 알약은 대부분 효과가 없었고 몇몇은 대단히 유독했다. 낙태를 일으킬 만큼의 페니로얄 용량은 치명적 영향을 미칠 우려가 있었고, 간과 신장을 영구적으로 손상할 수도 있었다.

낙태의 법적 금지

1800년대에는 낙태를 포함한 모든 외과 수술이 위험했다. 출산도 위험해서 많은 산모와 영아가 목숨을 잃었다. 다행히 과학이 발달해 의술에 영향을 미치기 시작하면서, 출산을 포함한 대부분의 외과 수술이 매우 안전해졌다. 그러나 낙태는 여전히 위험했는데, 새 법안의 통과로 대부분의 여성에게 불법적 낙태 말고는 다른 대안이 없어졌기 때문이다. 수백만의 여성이 불법 낙태를 하거나 스스로 낙태를 시도했고, 이들 가운데 수천 명이 목숨을 잃었다. 이런 위험에도 불구하고 여성들은 자신의 몸과 삶을 통제하려고 필사적으로 노력했다. 1800년대 말에 낙태는 오늘날보다 훨씬 흔하게 일어났다.

남성이 지배적이던 의료계는 소수의 여성 의사나 산파들과의 경

레스텔 부인의 낙태법

1800년대 앤 트로우 로먼이라는 사람이 있었
다. 그녀는 뉴욕시에서 40년간 레스텔 부인
이라는 이름으로 광고하며 낙태 서비스를 제
공했다. 의료교육을 받은 적은 없지만, 임신
을 종결지어준다고 믿었던 흔한 재료를 함유
한 민간 치료제를 판매했다. 그녀는 '이런 알
약이 월경 주기를 조절해준다'라고 광고하면
서, 약초 치료제가 들지 않을 경우 외과적 낙
태를 제공했다. 레스텔리즘Restellism이라는
말이 '낙태'를 의미할 정도로 유명했던 그녀
가 일을 시작했을 당시는 아직 낙태가 법으
로 금지되지 않았다. 하지만 새로운 법안이
통과된 후 체포되어 벌을 받았다. 결국 그녀
는 1878년에 자살로 생을 마감했다.

맨 위에서부터
· 레스텔 부인으로 더 잘 알려져 있던 앤 로먼
· 남편 찰스 P. 로먼과 살았던 뉴욕의 고급 저택
· 1840년 4월 뉴욕 신문에 실린 안내 광고. '건강상
  급속한 식구 증가를 허용할 수 없는 기혼녀를 위한
  예방용 가루약을 홍보하고 있다
· 레스텔 부인의 체포 장면을 보도한 뉴욕타임스 삽화

쟁을 탐탁지 않게 여겼다. 그들은 낙태가 도덕적으로 잘못된 일일 뿐만 아니라 위험하기까지 하다고 주장했다. 그러면서 낙태를 법으로 금지하도록 압력을 가했다. 이로써 1910년에 이르러서는 거의 모든 나라에서 낙태를 형사상 범죄로 다스리는 법안을 통과시켰다. 단, 여성의 목숨을 구하기 위해 꼭 필요하다고 의사가 판단한 경우는 예외였는데, 이는 오로지 의사만이 법적으로 낙태를 해줄 수 있음을 의미한다.

판사가 손을 들어주기 전까지 도로시아 파머는 6개월간이나 재판을 받았다. 그러나 이런 판결은 여성의 권리에 대한 관심이 아니라, 빈곤층의 출생률 증가를 통제하려는 욕망 때문이었다.

캐나다에서 낙태는 1869년에 법적으로 금지되었다. 스스로 임신을 종결하려고 시도한 여성이나 그녀를 도운 사람은 누구든 종신형을 받았다. 1892년 국회는 낙태뿐만 아니라 피임약의 판매와 배포, 광고까지 금지하는 첫 번째 형법을 제정했다. 사회복지가 도로시아 파머는 피임 정보를 제공했다는 이유로 1936년 체포돼 기소당했다. 그녀는 이렇게 말했다. "조만간 문제가 생길 거라고 예상했어요. 몇 달간 감옥 생활을 할 수도 있겠죠. 하지만 저는 방문했던 집에서 처절한 상황을 목격했어요. 자유의 몸이 되는 순간 분명히 전과 똑같은 일을 할 겁니다."

캐나다든 미국이든, 측은한 마음이나 의학적인 이유로 낙태해주는 의사는 고발을 당할 수 있었다. 그래도 20세기 전반까지는 법에 아랑곳하지 않고 많은 가정의가 낙태를 해주었다. 전문가들의 추산에 따르면, 1929년에서 1939년에 이르는 대공황기에 전체 임신의 1/4 이상이 결국은 낙태로 끝났다. 당시에는 가정의가 수술하는 경우가 더 흔했는데, 원치 않은 임신의 종결을 돕는 일을 보살핌의 한 부분으로 여겼기 때문이다. 덕분에 돈이 있어 주치의를 둔 여성은 안전하게 낙태할 수 있었지만 가난한 여성은 그럴 수 없었다. 이로 인해 돈 없는 여성이 가장 크게 고통받았다.

대공황이 끝나면서 백인 여성에게는 다산이 권장되었다. 모성보다 일을 중시해서 자녀를 안 갖거나 많이 낳지 않으려는 여성은 심하게 비난받았다. 이로써 낙태가 행해졌다. 그러나 유색인 여성에게는 전혀 다른 메시지가 주어졌다. 노예제도가 폐지되면서 노예 소유주들이 더는 노예의 자식으로 더 많은 부를 축적할 수 없게 되자 흑인 여성의 출산을 저지하려는 공공정책이 시작됐다(강제적 불임에 대해서는 35쪽에서 더 설명한다). 정책 입안자들은 흑인 여성들이 '무책임하게도' 감당할 수도 없으면서 자식을 낳는다고 주장했다. 유색인종의 제한적 취업 기회와 빈민 학교, 의료 부족 등 가난을 부추기는 많은 요인은 무시하고 말이다. 이런 사고방식은 1900년대 내내 지속됐으며, 오늘날에도 몇몇 우파 정치인들은 이를 되풀이하고 있다.

불법 낙태의 시대

불법임에도 불구하고 낙태는 멈춰지지 않았다. 원치 않은 임신에 직면한 여성들은 아무리 위험하다 해도 언제나 임신을 끝낼 방법을 찾아냈다. 정확한 수치는 알 수 없지만 1950~1960년대에는 해마다 수십만 건의 불법 낙태가 행해졌다. 훈련도 안 받은 사람이 비위생적인 환경에서 불법적인 '뒷골목' 낙태를 시행하는 바람에 수천 명이 사망하거나 심각한 의학적 문제로 고통받았다. 또 스스로 임신을 종결하려다 사망하거나 끔찍한 상처를 입은 여성도 수천 명에 달했다. 병원 의료진은 어마어마한 수의 여성들을 치료해야 했다. 이런 여성들은 충분한 기술도 없는 사람에게 낙태를 받고 제대로 보살핌도 못 받아서 감염과 상처로 고통받았다.

비교적 부유한 여성은 스웨덴처럼 낙태가 합법인 나라로 갔다. 혹은 큰 비용을 부담하더라도 낙태해줄 의사를 집 근처에서 찾곤 했다. 그러나 가난한 여성에게는 선택지가 없었다. 무허가업자의 손에 고통을 당하거나, 죽음을 각오하고 스스로 임신을 종결하는 수밖에 없었다. 불법 낙태로 임산부의 17%가 사망하고 더욱더 많은 여성이 상처를 입었다. 이런 상처는 질병과 고통, 불임의 원인이 되었다.

1950년대와 1960년대의 미혼 여성에게 원치 않은 임신은 무서운 일이었다. 수치스럽게 여겼기 때문이다. 이런 여성에게는 사회적으로 미혼모라는 낙인이 찍혔지만 임신을 피하기도 어려웠다. 캐나다와 미국의 많은 지역에서 미혼 여성에게는 피임약이 허용되지 않았고, 보다 더 많은 여성은 아예 피임약을 살 여유도 없었다.

불법 낙태가 초래한 끔찍한 상황

1960년대 초 브리티시 콜롬비아 의과대학을 졸업한 가슨 로말리스는 일리노이주 시카고 중심부에 있는 쿡 카운티 병원에서 인턴과 전문의 실습 과정을 밟았다. 병원의 병동 하나는 잘못된 낙태 후 회복 중인 여성들로 꽉 차 있었다. "거기 있는 환자의 약 90%가 패혈성 유산* 합병증을 앓고 있었어요." 2008년 토론토 법학대학에서 한 연설에서 로말리스 박사는 이렇게 말했다. "병동에 병상이 40개 있고, 복도에도 간이침대가 줄지어 있었어요. 매일 패혈성 유산 환자를 10명에서 30명가량 받았습니다. 한 달에 한 명꼴로 사망했는데, 보통 출혈과 연관된 패혈성 쇼크 때문이었죠……. 패혈성 쇼크에 심각한 빈혈, 간과 신장 질환에 걸려서 황달 증세를 보이던 여성들을 결코 잊을 수가 없습니다. 그들의 생명은 구할 수가 없었어요."

그의 경험은 드문 것이 아니었다. 전국적으로 수백 개에 이르는 패혈성 유산 병동은 모두 임신 종결을 시도한 후 회복 중이거나 죽어가는 여성들로 만원이었다. 같은 시기 캘리포니아주의 병원에서 일했던 산부인과 의사 다니엘 미셸 박사는 이렇게 회상했다. "감염이 너무 심해서 쇼크 상태에 빠지고 신장 기능이 멈춘 여성들이 있었어요. 그중 많은 수가 사망했지요. 정말로 끔찍한 상황이었습니다. 낙태만 아니었으면 건강했을 젊은 여성들이 비살균 낙태로 인한 감염으로 20대에 죽다니, 그런 모습을 지켜보기란 정말 가슴 아팠습니다. 여성들은 원치 않은 임신을 끝내기 위해 무슨 일이든 했어요. 목숨까지 걸었죠. 정말 다른 세상이었습니다."

---

* 불법적인 낙태 후에 주로 나타난다. 자궁감염이 전신감염으로 이어져 임산부가 사망에 이르기도 한다.

내가 대학을 다녔던 1960년대에는

낙태가 완전히 불법이었다. 피임에 관한 정보를 퍼뜨리는 것도 마찬가지였다.
하지만 어머니 말씀에 따르면 1940년대에도 돈과 개인 주치의가 있는 여성은
누구나 낙태할 수 있었다 한다. 물론 어리거나 가난한 여성, 노동자 계층은 그럴 수 없었다.
나는 이런 불평등이 괴로웠다. 그러던 차에 임신한 친구가 혹 도움을 줄 의사를 아느냐고
물었다. 하아, 그런 의사가 있을 리 없었지만 어쨌든 무력하게 있지 못하는 성미인지라
결국 나는 그녀를 도왔다. 그리고 의사를 알선해주는 일종의 지하 네트워크의
일원이 되었다. 안전한 방법으로 해결할 수 있는데도 이유 없이 고통받아야 한다는 점이
부당하게 여겨졌기 때문이다.

—주디 레빅, 캐나다의 페미니스트이자 활동가

낙태권을 위한 저항

억압이 있는 곳에서는 언제나 저항이 일어난다. 낙태가 불법이거나 금지된 곳이라면 안전하게 낙태를 받을 수 있도록 열심히 움직이는 사람들이 생겨난다. 이런 이들은 때로 개인적으로 막대한 위험까지 감수한다. 미국과 캐나다의 많은 의사들이 면허증을 걸고, 심지어는 징역형의 위험까지 감수하고 법을 어겨가면서 낙태를 해주었다. 다른 의료전문가와 상담가, 성직자는 임산부들이 불법이지만 안전하게 낙태 서비스를 제공하는 사람들을 찾도록 도와주었다. 여성들 자신도 서로 조직을 만들어 정보를 공유했다. 입소문 또한 많은 여성이

우리의 몸, 우리 자신

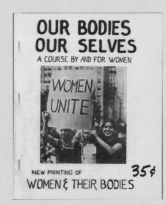

'보스턴 여성 건강 서적 공동사업체'는 소규모 여성 단체로 시작되었다. 신체에 대한 정보 부족으로 좌절을 경험한 여성들은 1969년 모임을 갖고, 1년 후 첫 출판물을 간행했다. 이 책자는 곧 《우리의 몸, 우리 자신Our Bodies, Ourselves》이라는 획기적인 책으로 출간되었다. 책에는 성과 생식권, 건강에 대한 솔직한 정보가 담겨 있다. 낙태를 다룬 부분은 '낙태는 우리의 권리, 여성으로서 우리 자신의 몸을 통제할 수 있는 권리다'라는 문장으로 시작된다. 신문인쇄용지에 인쇄된 초판은 가격이 75센트였고 1971년에 재판이 나왔는데 입소문 덕분에 조용히 성공을 거두어 250,000부나 팔려나갔다. 이후로 몇 년에 한 번씩 최신판이 나오고 있으며, 30개국에서 번역돼 4백만 부 넘게 판매되었다.

페미니스트들은 집(위)과 사무실(아래)에 모여서 경험을 공유하고 운동 계획을 세웠다.

"대단히 정치적인 시기를 맞아,

전 세계가 변화하는 것처럼 보였다."

—재키 라킨, 페미니스트 겸 사회 정의 활동가

1968년 뉴욕의 낙태권 운동 시위자들

법에 굴하지 않고 안전한 낙태를 받는 데 도움이 되었다.

1950년대 말 북아메리카에서는 정치적 격동기가 시작되었다. 1955년 로자 파크스가 앨라배마주 몽고메리에서 백인 남성에게 버스 좌석 양보를 거부한 후 10년 이상 흑인의 평등권을 위한 시민 평등권 운동이 계속되었다. 인종 분리와 차별에 저항하고 완전한 투표권을 얻기 위한 싸움이었다. 1960년대 말에는 또 다른 정치적 운동이 시작되는데 학생들이 주축이 돼

우리가 시작한 '흑인 여성 연합'은 기본적 의식 향상을 목적으로 하며, 여성의 위치에 대한 우리의 생각과 주류 여성 운동의 관점은 어떻게 다른지를 이해하기 위해 노력한다. 백인 여성이 대다수인 장에서는 그런 대화를 가질 수 없기 때문이다.
–린다 버넘, 사회 활동가

베트남 전쟁에 반대하는 시위를 벌였다. 1969년에는 게이와 레즈비언, 성전환자들이 스톤월 항쟁Stonewall Riots*을 통해 경찰의 억압에 맞서 싸웠다. 이 사건은 게이들의 권리 운동에 불을 지폈다. 여성 해방 운동도 이 격동의 시기에 탄생했다.

페미니즘의 두 번째 물결

페미니즘의 첫 번째 물결은 이보다 백 년도 더 전에 시작되었다. 1800년대 중반에 여성들은 법적 권리, 구체적으로 투표권을 요구하기 시작한 것이다. 1960년대와 1970년대의 여성 해방 운동은 달랐다. 이때는 법적인 권리는 물론, 여성의 일상을 지배하는 힘든 실상과 여성을 대하는 사회적 태도에도 초점을 맞추었다. 여성들은 흔히 의식 향상

---

* 1969년 경찰이 그리니치의 술집 스톤월을 급습하자 동성애자 집단이 자발적으로 데모를 벌이면서 항쟁이 시작되었다.

그룹이라고 부르는 소규모 집단을 만들어서 경험을 나누었다. 투쟁을 더욱더 커다란 사회 구조나 제도, 법과 연관 지으면서, '개인적인 것이 정치적이다'라는 생각이 운동의 슬로건이 되었다.

여성들이 의식 향상 그룹에서 토론하던 화제 중에는 낙태도 있었다. 많은 여성이 불법 낙태 경험이 있었다. 이런 경험을 처음으로 솔직히 털어놓기 시작하면서, 그들은 혼자가 아니라는 사실을 깨달았다. 그러면서 여성 해방 운동 진영은 낙태권을 성 평등의 핵심으로 보고, 피임과 낙태를 모두 포함한 생식권에 중점적으로 초점을 맞추기 시작했다.

같은 수술, 다른 경험

생식권과 자유에 관한 한 백인과 유색인 여성의 경험과 역사는 사뭇 다르다. 예를 들어 1960년대와 1970년대에 백인 여성들이 원했던 것의 하나는 불임할 수 있는 권리였다. 즉 임신을 막기 위해 '난관을 졸라 묶는' 불임법을 쓸 수 있기를 바랐다. 그러나 의사들은 나이가 많거나 이미 자식이 여럿인 경우가 아닌 한, 이런 수술을 해주려고 하지 않았다.

그런데 같은 시기 대부분의 병원에서는 유색인과 원주민 여성들을 협박해 강제로 불임 수술을 받게 하는 프로그램을 운영했다. 원주민 단체인 '전 북아메리카 원주민 여성'에서 추산한 바에 따르면, 미국의 몇몇 원주민 보호 구역에서는 불임 수술을 받은 여성의 비율이 약 80%나 될 정도였다. 아프리카계 미국인 여성과 멕시코, 푸에르토리코 여성도 이런 불임 운동의 목표물이 되었다(장애를 가진 여성도 이와 비슷한 학대를 당했다. 이런 상황은 지금도 마찬가지다. 더 자세한 이야기는 144쪽에 있다). 1968년에 이르러서는 푸에르토리코 여성의 1/3이 불임 수술을 받았다. 이로 인해 백인 여성은 불임 수술을 받을 권리를, 유색인종 여성은 수술을 거부할 권리를 요구하게 되었다. 그러나 불행하게도 백인 페미니스트 그룹과 주류 낙태권 운동 단체들은 대부분 유색인종 여성의 이런 경험과 관점을 인식하지 못했다.

2장

선택권을 위한 싸움

캐나다와 미국의 여성 모두 변화를 위해 싸웠음에도, 낙태권과 낙태 서비스에 대한 접근성, 여론에 관한 한 두 나라의 역사와 고충은 서로 달랐다.

미국의 낙태권 투쟁

미국에서는 많은 사람이 낙태에 관한 법률을 개정하라고 압력을 가했다. 여성 단체와 의사, 성직자 모두 중요한 역할을 담당했다. 세 집단은 공개적으로 법률 개정을 옹호하고 이를 위해 싸웠다. 그뿐만 아니라 여성이 더욱 안전하게 낙태를 받도록 물밑에서 도움을 주기도 했다.

'성직자 낙태 상담 서비스'의 창설자 하워드 무디.
1967년 뉴욕시 그리니치 빌리지에 위치한
저드슨 기념 교회 앞에서.

성직자들의 낙태 상담 서비스

뉴욕시에 있는 침례교 교회의 목사 하워드 무디는 신교도와 유대교의 종교 지도자 그룹이 여성을 상담해주고 안전하게 낙태받을 수 있는 곳도 소개해줄 것이라고 공개적으로 밝혔다. 이 '성직자 낙태 상담 서비스'의 규모는 차츰 커져서 1973년까지 약 1,400명의 성직자가 불법이지만 안전하게 낙태를 받도록 수십만 명의 여성을 도왔다. 이 일에 관여한 성직자 대부분은 시민권 운동에도 적극적으로 참여했다. 그들은 낙태 규제가 부유한 백인 여성보다 가난한 유색인 여성에게 더 영향을 미친다는 것도, 또 인종 평등을 위한 활동과 여성의 안전한 낙태를 돕는 일이 연관돼 있다는 것도 이해하고 있었다.

1975년경의 알린 카르멘(좌)과 하워드 무디(우). 가운데는 저드슨 기념 교회의 목사이자 실험극의 선구자 알 카마인.

1967년에서 1973년 사이, 14개 주가 법률을 개정하고 임신 때문에 생명이 위독해지는 특정한 몇몇 경우에는 낙태를 허용하기 시작했다. 이런 낙태를 일컬어 치료유산이라고 불렀지만, 실상 이러한 허용은 돈과 인맥이 있는 여성은 합법적으로 낙태할 수 있게 되었다는 것을 의미한다. 임신 때문에 생명이 위험하다고 기꺼이 말해줄 의사를 돈을 주고 찾아내기만 하면 되는 것이다.

하워드 무디와 동료 알린 카르멘은 이 새로운 법에 불만을 표시했다. 그들은 공저 《낙태 상담과 사회변화Abortion Counseling and Social Change》에서 "'치료'라는 말은 부유한 여성과 가난한 여성, 백인 여성과 흑인 여성, 특권계층과 소외계층, 기혼자와 비혼자의 차이를 설명해주는 단어일 뿐이다"라고 썼다.

1968년 3월, 뉴욕 록펠러센터 앞에서 열린 시위 장면. 활동가 빌 베어드가 창설한 '부모원조회'와 '뉴욕진보여성' 그룹 회원들이 낙태 합법화를 요구하고 있다.

　　'성직자 낙태 상담 서비스'의 노력에도 불구하고, 낙태 수술을 받기 위한 이동 경비와 낙태 비용은 여전히 큰 문제였다. 매년 수천 명의 여성이 죽어갔고 이 중 대다수는 가난한 유색인 여성이었다. 1970년에 뉴욕주가 낙태를 합법화하자 '성직자 낙태 상담 서비스'는 의사 및 행정가들과 힘을 모아 여성에게 도움이 되는 환경에서 적절한 비용으로 낙태를 해주는 낙태 클리닉을 열었다.

페미니스트 단체들

페미니스트 활동가들은 미국 전역에서 생식의 자유를 위해 싸우고 법률 개정을 옹호했다. '레드 스타킹'* 같은 단체들은 공개적인 '자유발언'의 자리를 마련해서 불법 낙태나 억지로 임신 상태를 유지해야 했던 사례들을 공유했다. 1969년 3월 21일 뉴욕시 웨스트 빌리지에서 열린 첫 번째 '자유발언' 행사에는 수백 명이 참석했다. 곧이어 다른 도시들에서도 낙태에 대한 솔직한 발언 자리가 마련되었다.

같은 해 뉴욕의 입법자들은 남성 전문가들에게 조언을 구했는데, 이때 공청회장을 급습한 여성들은 여성의 목소리를 들어야 한다고 주장했다. 어느 젊은 여성은 입법위원들에게 이렇게 말했다. "낙태 경험이 있는 우리가 진정한 전문가이며 유일한 전문가입니다." 이후 느리게나마 변화가 일기 시작했다.

뉴욕과 하와이주가 낙태를 합법화하자 워싱턴 DC와 알래스카, 워싱턴주도 뒤를 이었다. 이동 경비만 마련할 수 있다면 미국 여성도 이제 합법적인 낙태가 가능했다. 그러나 대부분의 여성에게는 낙태를 받겠다고 미 대륙을 횡단하기란 불가능한 미션이었다. 그래서인지 불법 낙태율은 여전히 높았다. 페미니스트 단체들은 실질적인 지원과 대출을 제공하기 위해 노력했다. 좀 더 안전한 낙태를 돕기 위해 미국 전역에서 많은 여성 단체가 결성되었다.

이 중에는 '여성해방을 위한 낙태 상담 서비스'로 불리는 단체도 있었다. 이 단체는 곧 '제인 공동체' 혹은 '제인'으로 알려지면서 1969년~1973년 사이 시카고에서 100명도 넘는 여성들이 여기에 가입했

---

* '뉴욕진보여성'이 해체된 후, 1969년 1월에 뉴욕에서 창립된 세계 여성 해방 운동기구. 같은 해 7월에 이들은 여성의 인권과 진정한 해방을 위해 '레드 스타킹 선언'을 발표했다.

제인

라헬 윌슨, 앨리 슈웨드

1970년대 말부터 주디스 아카나는 페미니즘에서 문신에 이르는 다양한 문제를 수백 명의 여성과 공부하며 대화를 나눴다.

그런데 화제에 상관없이 늘상 받는 질문이 있었다.

음, 그러니까…

그냥 궁금해서요…

불법 낙태를 어떻게 준비하나요?

그 이유는 1969~1973년에 주디스가 100명도 넘는 여성과 불법 낙태를 돕는 일을 했기 때문이다.

'제인. 시카고 여성의 낙태권' 이라는 코드명으로.

JANE
CHICAGO
WOMEN'S
ABORTION
RIGHTS

공식명칭으로는 '시카고여성해방연합의 낙태상담서비스'로 알려진 '제인'은 처음에는 소개만 했다.

연락을 취해볼 만한 의사가 있어요.

그러나 곧 이 페미니스트 단체 회원들은 직접 낙태술을 배웠다.

1973년 활동을 접기까지 이들은 대략 11,000건의 낙태를 시행한다. 이 해에 로우 대 웨이드 사건 판결로 미국 전역에서 낙태가 합법화된다.

'제인'의 낙태 비용은 상대적으로 낮았고, 지도부는 드물게 다양한 인종으로 구성되었다. 다른 여성 운동은 백인 중산층이 주를 이루었다.

임신을 원치 않아도 누구나 임신할 수 있다. 여기서는 모든 이들을 무한히 존중한다.
－장 갈라처－레비

'제인'의 회원 중 유색인 여성은 몇 명밖에 없었다. 루이스 스미스(가명)도 그중 하나다. 로레타 J 로스와의 인터뷰에서 그녀는 이렇게 회고했다. "우리는 결코 충분한 수를 확보할 수 없었어요."

"하지만 그걸 흑인이나 백인의 문제로 보지 않았습니다.
여성들은 임신 종결을 원했고, 절실한 이들이 화합을 만들어냈죠."

또 아이를 가질 여력이 없어.

혼외자를 낳으면 식구들이 날 쫓아낼 거야.

곧 대학에 갈 텐데, 아이를 가질 순 없어

그냥 아이를 갖고 싶지 않아.

여성들이 낙태를 원하는 이유는 다양했다. '제인'은 결코 이유를 묻지 않고,
정말로 낙태를 원하는지 혹여 가족이나 파트너 때문에 어쩔 수 없는 선택인지만 확인했다.

PREGNANT?
DON'T WANT
TO BE?
CALL JANE AT
643-3844

낙태 상담 서비스 단체 '제인'의 신문 광고

다. 회원들은 안내문을 만들어 여성들이 잘 볼 수 있는 곳에 붙였다. '임신했나요? 그런데 원치 않는다고요? 그럼 제인에게 연락하세요.' 그들은 상담해주고, 정보를 제공하고, 수술비로 쓸 돈을 융자해주었다.

하지만 대부분의 의사가 막대한 의료비를 청구했다. 게다가 개중에는 능력도 시원찮고 환자에게 무례한 이들도 있었다. 종종 술에 취해 있기도 했으며 낙태조건으로 섹스를 요구하기도 했다. 결국 '제인' 회원들은 환자를 위임했던 이들 중에 의료 교육을 받지 않은 사람도 있음을 발견하고 회원들이 직접 낙태술을 배우기로 한다. 이후 그들은 약 11,000건의 낙태를 시행했는데 지금의 낙태 클리닉과 비슷한 무사고 낙태 기록을 보여준다.

임신 중절 합법화를 찬성하는 의사들

이 시기에 의사들은 끔찍한 선택에 직면했다. 낙태를 도우면 의사 생활이 위태로워지고 감옥에 갈 수도 있었다. 그렇다고 필사적인 환자를 외면한다는 것은 종종 감염에 죽음까지 초래하는 제도에 일조하는 것이나 마찬가지였다. 그래서 일부 의사들은 법에 상관없이 낙태를 해주고, 어떤 의사들은 변화의 대변자가 되었다.

"우리 '제인' 회원들은 남다르다.
여성의 요구를 안내자 삼아 행동하기 때문이다. 이로써 우리는 불법 낙태를
위험하고 불결한 경험에서 삶을 긍정하게 해주는 강력한 경험으로 변화시켰다.
그뿐만 아니라 이 과정에서 우리 자신도 바꾸었다."

—로라 카플란, 《제인의 이야기The Story of Jane》 중에서

어빙 굿맨　유달리 괴로워하는 환자를 차마 거부할 수 없을 때, 의사들은 이따금 은밀하게 불법 낙태를 해주었다. 그리고 소수는 법을 어기고 정기적으로 낙태를 집도했다. 이런 의사들 중 하나였던 어빙 굿맨은 1926년 러시아계 유대인 이민자 부모에게서 태어나 사회 정의에 대단히 헌신적인 가정에서 자랐다. 그가 여성을 돕고 싶어 한 데는 개인적 이유도 있었다. 아직 십 대였던 1940년대, 장차 아내가 된 그의 여자 친구가 임신했다. 그들은 할 수 없이 불법 낙태를 했는데, 정말 끔찍하고 무서운 경험이었다. 여자 친구는 소독되지 않은 기구로 인해 심각한 감염에 걸렸고, 결국 생명을 구하기 위해 수술까지 받아야 했다.

　　또한 12살 때 고아가 된 어빙의 어머니는 불법 낙태로 엄마를 잃은 경험이 있었다. 낙태권 투쟁에 나선 많은 사람들처럼 그도 불평등에 대한 우려 때문에 투쟁을 시작했다. "그건 명백히 정치적인 주장입니다……. 부유한 사람은 낙태를 받을 수 있으니까요. 이런 상황에 정말 분노가 치밀었습니다. 당신이 돈 많은 사람이라면, 그런 자들은 그 망할 짓을 해줄 거란 말이니까."

1989년, 제인 호지슨

제인 호지슨　미국에서는 많은 의사가 불법 낙태 서비스를 제공했지만 유죄를 선고받은 의사는 딱 한 사람, 미네소타주 세인트폴에 살던 제인 호지슨뿐이다. 산부인과 의사인 제인에게는 낙태 요청이 쇄도했다. 1960년대에 그녀는 CCS와 함께 여성들을 국외의 낙태 시술자에게 보내는 일을 시작

1973년 대법원 판결 직전에 벌어진 낙태권 옹호 행진. 로우 대 웨이드 사건 덕분에 미국에서는 불법 낙태의 시대가 끝났다.

했다. 낙태 정책이 비교적 느슨한 나라들로 보내는 것이다. 하지만 많은 환자가 불법 낙태로 생명이 위태로운 지경에 처한 상황을 인식하고는 안전하고 합법적인 낙태의 필요성을 강력히 주장했다. "저는 낙태가 비도덕적인 일이라고 배웠어요……. 그런데 이젠 법이 비도덕적이라고 느끼게 됐습니다. 많은 젊은 여성들의 건강이 망가지고 삶도 파괴되고 있습니다."

1970년 그녀는 공개적으로 법에 이의를 제기했다. 그녀는 낙태를 원하는 낸시 위드미어와 대화를 나누었다. 낸시는 이십 대였으며 결혼을 해서 아이가 이미 셋이나 있었다. 그런데 풍진에 걸렸다는 진단을 받았다. 풍진은 태아에 엄청난 상해를 입힐 수 있는 병으로 알려져 있다. 낸시도 제인 호지슨이 법에 이의를 제기하는 일을 돕겠다고 했다.

제인은 미네소타주 연방법원을 찾아가 법안 폐지를 요청했다(물론 성공하진 못했다). 그 후 위드미어의 낙태 일정을 잡고 자신이 일하던 병원에서 수술해주었다. 곧이어 경찰에게 체포됐고 유죄 판결을 받았다. 그러나 나중에 이 판결은 뒤집어졌고, 덕분에 그녀는 여성의 생식 자유를 위한 강성 활동가로서의 헌신을 계속할 수 있었다.

로우 대 웨이드 사건

1973년 미국 연방대법원은 유명한 로우 대 웨이드 사건의 판결을 통해 기존의 모든 낙태법을 폐지했다. 법정에 섰던 21살의 임산부 노마 리아 맥코비를 가리키는 '로우Roe'의 사례는, 낙태를 원하지만 법적으로 안전하게 낙태할 수 없는 모든 여성을 대변했다. '웨이드Wade'는 헨리 웨이드를 가리키는데 그는 텍사스의 변호사로서 낙태를 범죄시한 법을 옹호했다. 대법원은 여성과 의사가 정부의 간섭 없이 아이의 출산 여부를 결정하는 것도 미국인의 사생활권에 포함된다고 판결했다.

이 획기적인 판결은 여성들에게 중요한 승리였다. 변화를 위해 싸웠던 사람들은 크게 고무되었다. 하지만 싸움은 완전히 끝난 것이 아니었다. 로우 대 웨이드 사건 후에도 병원들은 낙태 서비스를 서두르지 않았다. 또한 법원의 결정에 따라 주 정부는 어리고 가난한 여성의 낙태 서비스 이용을 규제를 통해 효과적으로 제한했다. 그리고 로우 대 웨이드 판결의 결과로 공격적이고 광적이기까지 한 반낙태 운동이 조직되기 시작했다. 이 운동에 대해서는 3장에서 더 자세히 설명한다.

노마 리아 맥코비(제인 로우)와 변호사 글로리아 알레드. 1989년 대법원 계단에서

나의 몸, 나의 선택 49

1969년 가을,

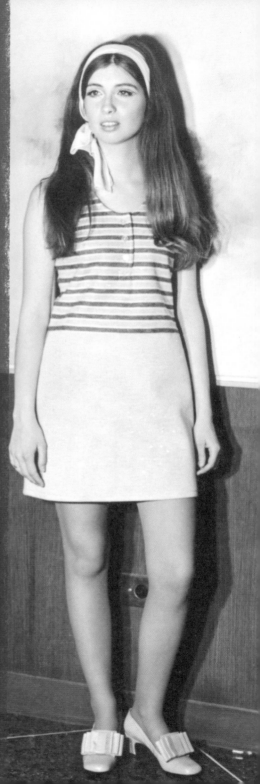

나는 19살에 원치 않은 아기를 임신했다.
내가 살던 캐나다에서는 최근에 낙태가
합법화되어서 쉽고 안전하게 임신을 종결할 수
있으리라 믿고 의사를 찾아갔다. 하지만 현실은
그렇지 않았다. 의사는 병원의 치료유산심의회에서
합법적 낙태를 허락하지 않을 것이므로,
그도 내 요청을 들어줄 수 없다고 했다.
내가 젊고 건강한 데다 강간을 당한 것도
아니므로 아기를 낳아서 최선을 다해 키워야
한다고 했다. 게다가 불법 낙태를 하면 불임이
되거나 미쳐버릴 위험도 있다고도 했다.
나는 화가 치밀어서 진료실을 나온 뒤 다시는
찾아가지 않았다. 다행히 내 상사의 지인이
밴쿠버에 사는 낙태 제공자와의 연락을
도와주었다. 밴쿠버까지는 연락선을 타고
가야 했고 비용은 500달러였는데
남자 친구가 부담했다.
낙태는 의사의 진료실에서 불법적으로
이루어졌다. 수술은 금세 끝났고, 의사와
간호사는 전문가답게 잘 돌봐주었다.
나는 사후 관리에 대한 정보를 듣고, 병원 뒷문을
통해 골목으로 나왔다. 감염은 없었으며, 몇 년 후
원하던 아기를 임신해 낳았다. 그리고 물론
정신이 이상해지지도 않았다.
나중에 들었는데, 이름은 기억나지 않지만 내게
낙태 수술을 해준 의사는 수술 직후 체포되었다고
한다. 오랜 세월이 흐른 지금도 나는 그가 나와
무수한 여성들을 위해 해준 일에 정말 경의를
표한다. 진심으로 감사 인사를 전하고 싶다.
─사라 하비, 작가 겸 편집자

캐나다의 낙태권 투쟁

1960~1970년대 캐나다의 활동가들도 변화를 위해 싸웠다. 불법 낙태는 흔했고 위험한 경우도 종종 있었기 때문이다. 1926~1947년 사이 수천 명의 캐나다 여성이 무능한 시술자의 불법 낙태로 목숨을 잃었다. 1960년대까지 매년 35,000에서 120,000건의 낙태가 행해졌다. 1963년 '캐나다 의사회'는 낙태법 개정을 위해 정부에 로비를 시작했고 여성 단체와 사회 정의를 위한 단체들도 개정을 옹호했다. 또 일부 의사들은 고발의 위험성에도 아랑곳하지 않고 이미 낙태를 해주고 있었다.

1967년 법무부 장관 피에르 트뤼도는 특정 상황에서는 낙태를 허용하는 법안을 제출했다. 이 법안에 따르면 피임도 합법화되고 동성애도 처벌 대상에서 제외된다. 이 법안은 나중에 법안 C-150으로 통과되었으며 1969년에 법으로 확정되었다. 캐나다에서 낙태를 처음 범죄로 규정한 지 100년이 지난 후의 일이었다.

이 법은 의사들에게 도움이 되었다. 고발로부터 보호해주었기 때문이다. 하지만 여성들은 그렇지 못했는데, 의사 3명의 허락하에 병원에서만 합법적 낙태를 할 수 있었기 때문이다. 대도시 병원들은 치료유산심의회(TACs)를 만들어서, 임신으로 산모의 생명과 건강이 위험해졌다고 판단될 때만 낙태를 허락했다. 그런데 대부분의 병원에는 치료유산심의회가 없었으므로 대도시 이외의 지역에 사는 여성은 그조차 불가능했다. 병원에 치료유산심의회가 있다 해도 낙태 수술을 허용받기까지 족히 두 달이 걸렸다. 그때가 되면 수술하기엔 너무 늦다. 게다가 어떤 심의회는 아무 생각 없이 전부 낙태를 허락하

온타리오주 토론토 지하철역에서 시위 중인
여성. 목에 건 피켓에는 전 법무부 장관
피에르 트뤼도에게 보내는 글이 적혀 있다.

고, 어떤 곳은 극소수의 경우에만 허용했
다. 또 몇몇 도시에서는 낙태 반대 단체들
이 이사회를 장악해서 치료유산심의회를
낙태 반대 의사들로 채우기 시작했다.

헨리 모겐탈러 박사

헨리 모겐탈러라는 의사도 이 새로운 법을
좋아하지 않았다. 헨리는 폴란드 태생의
캐나다인으로 홀로코스트 생존자다. 2차
세계대전 당시 강제수용소에 수용됐다가
살아남은 그는 몬트리올에 있는 의대를 졸
업한 후 가정의로 일했다. 여성이 안전하
고 합법적인 낙태를 받을 수 있어야 한다

는 믿음을 공개적으로 솔직히 드러낸 후 그는 무수히 많은 도움 요청
을 받았다. 처음에는 낙태를 돕다가 일자리를 잃을지도 몰라 청을 거
절했지만, 얼마 후 몬트리올 여성들이 불안전한 낙태로 목숨을 잃고
있다는 사실을 알고 나서는 더는 외면할 수 없었다. 1968년 그는 시
민 불복종 행위의 하나로 불법 낙태를 해주기 시작했고, 5년 후 치료
유산심의회의 승인 없이 병원 밖에서 5,000명을 낙태해주었다고 고
백했다. 또 텔레비전 촬영 팀을 초청해 낙태 수술 과정을 찍게 했다.
이 장면은 국영 텔레비전에서 방영되었다.

헨리 모겐탈러는 결국 체포되었으며 퀘벡 지방 법원에서 세 번이
나 재판받았다. 그는 변론에서 자신을 찾아온 여성들의 생명을 보호
해야 할 의무가 의사의 법률 준수 의무보다 더 중요했다고 말했다.

환자였던 몇몇 사람들도 그의 편에서 증언을 해주었다. 각 재판에서 배심원단은 무죄 판결을 내렸다. 배심원단은 그의 낙태 시술은 인정하지만 부당하게 느껴지는 법의 강요는 거부한 것이다.

　판사들은 배심원단이 반기를 들고 법 집행을 거부했다고 분개했다. 그래서 3번째 무죄 선고 후, 퀘벡 법원은 배심원단의 판결에 항소했고, 항소심에서는 배심원 5명이 무죄를 뒤집고 유죄 판결을 내렸다. 결국 헨리는 징역 18개월을 선고받고 1975년 3월부터 징역을 살기 시작했다. 그가 감옥에 있는 동안, 그 지역에서는 그를 두 번째로 고소했다. 다른 배심원단은 무죄 판결을 내렸으나 그는 여전히 징역형을 살아야 했다. 당시의 정치 풍자 만화를 보면 교도관이 음식이 담긴 식판을 헨리 모겐탈러의 감방 안으로 밀어 넣으며 이렇게 말한다. "의사 선생 축하해. 다시 무죄 판결을 받았어!"

　시민권 단체는 투쟁을 계속했다. 덕분에 모겐탈러 수정 법안이라 불리는 새로운 연방법이 통과되었다. 이 법은 법원이 배심 평결을 무효로 하지 못하게 했다. 정부는 헨리 모겐탈러에게 내려진 잘못된 유죄판결을 무시하고 새로 재판할 것을 명했고, 이로써 그는 다시 무죄 판결을 받았다. 그럼에도 결국 10개월간 수용돼 있어야 했다. 독방에 감금된 동안 심장마비로 고통받았고 법적 다툼으로 많은 빚을 졌지만 그는 포기하지 않았다. 헨리 모겐탈러에게 이런 일은 시작에 불과했다.

낙태 캐러밴
헨리 모겐탈러가 법정에서 싸우는 동안, 전국의 페미니스트 활동가들은 낙태권 운동을 조직해 여론을 조성하고 정부에 압력을 가하기

1970년 온타리오주 오타와로 간 '낙태 캐러밴' 여성들은 수상 관저 잔디밭에서 시위를 했다. 수상 관저 정문에 관을 내려놓자 하원이 폐쇄되었고, 그들은 의회 앞에서 주먹을 들어 올리며 원할 때 자유롭게 낙태하게 해줄 것을 촉구했다.

위해 애썼다. 1970년 봄, 소규모의 여성들이 노란 올즈모빌 컨버터블과 폭스바겐 버스, 픽업트럭을 타고 브리티시 컬럼비아의 밴쿠버를 출발한다. 그들은 전국을 횡단하며 여성들을 모으고 언론의 집중적인 보도를 끌어냈다.

이 단체를 결성한 이들은 스스로를 '밴쿠버 여성 단체'라고 불렀으며, 낙태 문제를 국가적 의제로 만들겠다는 각오에 차 있었다. 그들은 행사와 집회를 조직하는 지역별 다른 여성 단체들과도 접촉했다. '낙태 캐러밴'은 밴쿠버와 앨버타, 사스케처원, 매니토바, 온타리오주를 통과하며 추동력을 키워갔다.

오타와에서는 이런 안내문을 붙이기도 했다. '낙태 캐러밴. 그녀들이 온다. 5월 9일 오후 1시, 팔리아먼트 힐.' 오타와에서 이 행사를 기획한 사람 중에는 재키 라킨이라는 젊은 여성도 있었다. 오타와주 여성 해방 단체의 일원이던 그녀는 이렇게 말했다. "낙태 캐러밴이 이 길고도 뿌리 깊은 역사 속으로 들어왔습니다. 불법

우리는 세뇌되어 있다.
변화는 일으킬 수 없으며 변화를 꾀하는 것도 어리석은 짓이라고.
하지만 평범한 여성들은 가능성이 제한된 세상에 맞서 대항하기로 결심했다.
−주디 레빅, 《만 송이의 장미》

낙태를 했다는 사실을 부끄럽게 여기는 여성들이 전국 곳곳에 있었어요. 낙태 캐러밴이 지나갈 때마다 그 소식에 이런 여성들이 속속 모습을 드러냈지요. 그들은 경험을 솔직하게 증언했습니다. 자신의 낙태 경험을 이야기한 건 대개 처음이었어요."

드디어 낙태 캐러밴이 오타와에 도착했다. 5월 9일 토요일, 약 650명의 여성과 50명의 남성이 팔리아먼트 힐까지 행진했다. 선두에는 6명의 여성이 매년 불법 낙태로 죽어가는 2,000여 명의 임산부를 추모하기 위해 검은 관을 들었다. 이 관 위에 놓인 옷걸이는 스스로 임신을 종결하려 했던 여성들의 잃어버린 생명을 상징했다.

그러나 수상과 법무부 장관, 보건부 장관 모두 이들과의 만남을 거절했다. 재키는 당시를 이렇게 회고했다. "우리 모두 엄청나게 분노했지요. 우리가 마땅히 받아야 할 관심을 받지 못한다는 느낌이 들었으니까요. 우린 밖으로 나갔습니다. 팔리아먼트 힐을 벗어나기 시작했죠. 하지만 온 길을 돌아가는 대신, 서식스 드라이브로 진입해서 곧장 수상 관저로 행진했어요. 그들이 전혀 예측하지 못했던 일이죠! 우린 그 관을 수상 관저의 계단에 올려놓았습니다."

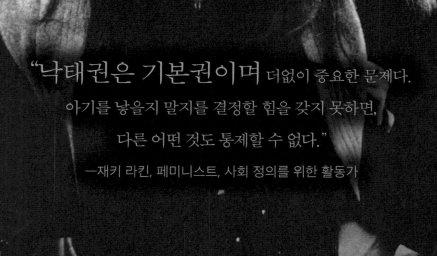

"낙태권은 기본권이며 더없이 중요한 문제다.
아기를 낳을지 말지를 결정할 힘을 갖지 못하면,
다른 어떤 것도 통제할 수 없다."

—재키 라킨, 페미니스트, 사회 정의를 위한 활동가

'THIS UTERUS
IS NOT
GOVERNMENT
PROPERTY

150여 명의 '낙태 캐러밴' 소속 시위자들은 피에르 트뤼도 수상 관저에서 연좌 농성을 했지만 정부 관료들은 여전히 요구 사항을 들어주지 않았다. 《오타와 시티즌Ottawa Citizen》에는 '낙태권 청원에 침묵으로 대응'이라는 머리기사가 실렸다. 정부의 무반응에 좌절한 여성들은 그날 밤 전략적 모임을 가졌다. 그리고 월요일, 하원에 잠입해서 의회를 방해하기로 했다.

재키는 이렇게 회상했다. "저희에게 동조하는 직원이 국회 방청석 입장권을 주었어요. 그런데 적당한 옷이 필요했습니다. 시위복 차림으로 들어가면 뭔가를 꾸미고 있다는 게 너무 분명히 드러나니까요! 그래서 전원이 의회 안으로 들어가기 위해 벽장을 뒤져서 스커트와 나일론 스타킹을 찾아냈어요. 또 장갑도 구해서 우리가 들고 들어갈 사슬과 수갑도 가려야 했습니다. 이렇게 해서 전원이 그럴싸하게 옷을 차려입고 서로 모르는 사이인 척했죠……. 우리는 방청석 곳곳에 퍼져 앉았습니다. 그러고는 우리를 몰아내지 못하게 우리 몸을 의자에 묶었지요. 그 후 3시 정각에 일제히 외치기 시작했습니다. "자유 낙태를 허락하라!" 한 사람이 구호를 선창하면 나머지 사람들이 따라 외쳤습니다. 머리 위에 마이크가 설치돼 있어서 우리의 외침은 더욱 크게 들렸어요. 당연히 의원들은 계속할 수 없었지요. 사상 처음으로 의회가 폐쇄되었습니다."

경호원들은 철사 끊는 기계와 쇠톱을 갖고 몰려와서 시위대를 복도로 끌어낸 다음 옆문으로 내보냈다. 위니펙에서 온 린 깁슨은 건물 밖으로 내동댕이쳐진 직후 리포터에게 이렇게 말했다. "지금 이 법 때문에 여성들이 돌팔이 낙태 시술자에게 난도질 당하다 죽어가고 있다는 것을 대부분이 모르는 것 같아요."

우리는 법정에서 정부, 경찰과 맞서
싸웠다. 배심원단은 우리 편이었다.
대중매체도 그러했다. 사람들은 나를
알아보고 지하철에서 모겐탈러의
변호 비용에 써달라고 돈을 주곤 했다.
우리는 대규모 집회를 열었고, 갈수록
다양한 공동체들이 지지를 보냈다.
우리는 정말 운동을 조직했고……
운동은 갈수록 커졌다.
ㅡ주디 레빅, 페미니스트 겸 활동가

사람들의 부족한 인식은 변화하기 시
작했다. 시위자들이 국민의 관심을 불러
일으키는 데 성공한 것이다. 다음 날 캐나
다 전역의 신문들은 사람들이 이제 시위
대의 행동과 그 이유를 알게 되었음을 분
명히 확인시켜주었다. 낙태권은 국가적
의제로 확고하게 부상했고, 많은 언론매
체도 지지를 보냈다. 《캘거리 헤럴드Calgary
Herald》지는 사설에서 이렇게 주장했다.
'우리는 자유를 옹호한다. 여기에는 여성
이 자신의 몸으로 무엇을 할지, 아기를 세
상에 내놓을지 말지를 결정할 수 있는 자
유도 포함된다.'

'낙태 캐러밴'은 캐나다 역사상 가장 놀라운 시민 불복종 행위의
하나로 남아 있다.

지난한 법적 투쟁, 마침내 승리

'낙태 캐러밴'이 성공을 거두면서 낙태권에 대한 대중의 지지는 높아
졌지만 낙태를 받으려면 여전히 치료유산심의회를 통과해야 했다.
여전히 많은 여성이 안전하고 합법적인 낙태 서비스에 다가갈 수 없
었다. 1974년 '낙태법 폐지를 위한 캐나다인 연합(CARAL)'이 결성되
고, 1982년엔 토론토의 의료계 종사자들이 '온타리오 낙태 클리닉 연
합(OCAC)'을 만들었다.

'낙태법 폐지를 위한 캐나다인 연합'과 '온타리오 낙태 클리닉 연

합'은 헨리 모겐탈러가 퀘벡주에서 했던 일을 이어가기로 결의했다. 법을 어기고 클리닉을 세워, 이 문제를 법정으로 가져가 변화를 유도하자는 전략이었다. 페미니스트이자 활동가인 주디 레빅은 첫 번째 기획 미팅에 참석했다가 대변인으로서 중심 역할을 맡게 되었다.

1983년 5월 헨리 모겐탈러가 위니펙에 클리닉을 열었다. 그런데 한 달 후 경찰이 불시 단속을 나와 모겐탈러를 포함한 8명을 체포했다. 다음 달 모겐탈러는 '낙태법 폐지를 위한 캐나다인 연합'과 '온타리오 낙태 클리닉 연합'의 도움으로 토론토에 불법 낙태 클리닉을 세웠다. 이 클리닉이 공식적으로 문을 여는 날, 모겐탈러가 택시에서 내려 클리닉으로 가는 도중 낯선 사람이 덤벼들어 커다란 정원용 가위로 공격했다. 주디 레빅은 당시를 이렇게 회상했다. "제가 곧장 뛰어들어 그를 떼어냈어요. 어떻게 그럴 수 있었냐고요? 음, 저는 투쟁가였거든요……. 당연히 물리쳤죠." 다행히 헨리 모겐탈러와 주디 레빅 모두 상처는 입지 않았다.

이 클리닉이 문을 연 지 고작 3주 만에 정부는 모겐탈러 박사와 2명의 다른 의사(로버트 스콧, 레슬리 스몰링)를 낙태법 위반으로 고발했다. 경찰이 의료장비와 서류들을 압수해갔다. 직원들은 공개적으로 당국에 저항하고 얼마 후 다시 클리닉을 열었다. 모겐탈러에게 이것은 또 다른 긴 법적 다툼의 시작이었다.

다음 해 3명의 의사 모두는 재판에서 배심원에게 무죄 판결을 받았다. 주디 레빅은 당시를 이렇게 설명했다. "변호사가 배심원단에게 이렇게 조언했어요. 법이 부당하다고 느껴진다면 헨리의 무고를 알 수 있을 거라고요. 그가 낙태해준 걸 인정하고, 법을 어겼다는 걸 자인해도 말이죠. 그 변호사는 아주 대범했습니다. 그는 법 자체만을

SPEAKING 직설

나는 열애의 순간, 피임약 사용을 깜빡해서 1988년 2월에 낙태했다. 아이는 원해본 적도 없었으니 힘든 결정은 아니었다. 그 낡은 '치료유산' 제도에 따라 낙태 승인을 받아야 했지만 운 좋게도 심의회에 출석할 필요는 없었다. 밴쿠버 종합병원이 심의했는데, 서류를 잘 살펴보지도 않고 모두 허가해주었다. 그래도 낙태 허가를 위해선 신청이 필수라는 사실을 나는 여전히 믿을 수 없었다. 충격적이고 화나는 일이었다. 3주나 기다려야 했는데 너무 힘들었다. 몸도 안 좋고 비참한 기분이었다…… 낙태 후 정상적 삶으로 돌아오자 정말 마음이 편해졌다.
－조이스 아서,
　'캐나다 낙태권 연합' 이사

따랐어요."

1985년 온타리오 상소 법원은 모겐탈러의 변호사가 배심원단에게 법을 무시하라고 조언했다면서 재심을 명했다. 모겐탈러는 캐나다 대법원에 이 재심 명령의 부당함을 밝혀달라고 항소했다. 그러나 대법원의 결정을 기다리던 1986년 9월 24일, 2명의 낙태 시술 제공자 니키 콜로니, 로버트 스콧과 함께 다시 체포된다. 그들은 계속되는 체포와 괴롭힘(클리닉과 같은 건물에 있던 '위민즈 북스토어'에 고의적인 방화 사건이 일어나기도 했다)에도 아랑곳하지 않고 계속 수천 명의 여성들에게 안전한 낙태를 제공했다.

1988년 '낙태 캐러밴'이 있은 지 18개월 만에 대법원 판결이 나왔다. 대법원은 캐나다의 낙태법이 헌법에 어긋나며, 생명권과 자유권, 개인의 안정을 보장하는 캐나다 권리자유헌장에 저촉된다고 판단했다.

주디 레빅은 그날을 생생하게 기억한다. "판결이 내려지던 날 저는 클리닉 앞에 있었어요. 그때는 대변인이 아니어서 텔레비전에 출연할 차림새도 아니었는데 취재진은 계속 소감을 말해달라고 재촉했습니다. 그래서 얼떨결에 방송에 뛰어들어서 "기분 끝내줍니다!"라고 말했죠. 그 순간 정말 그 어느 때보다 기뻤으니까요. 그 싸움에서

활동가 조이스 아서가 캐나다에서 열린 낙태권 시위에서 연설하고 있다. 시위자들은 마거릿 애트우드*의 소설 《시녀 이야기[The Handmaid's Tale]》 속의 시녀 복장이다. 애트우드는 여성이 모든 권리를 박탈당한 채 강제로 아이를 낳아야 하는 세계를 묘사했다. 시녀복은 북아메리카 전역의 시위에서 사용되었다.

이기다니요! 치열한 싸움이었거든요. 폭력도, 살해 위협도 있었고, 어떤 남자는 절 지하철 승차장에서 떨어뜨리려고 하기까지 했어요. 정말 힘든 싸움이었고, 정말 힘든 승리였죠. 우리는 승리를 위해 열심히 일하고 싸웠습니다. 쉬운 일이 아니었어요."

그러나 이것이 끝이 아니었다. 난관들은 여전히 그들을 기다리고 있었다. 1990년 정부는 여러 가지 낙태를 불법으로 규정하는 법안을 도입했다. 하원을 통과한 이 법안은 상원에서 아슬아슬하게 무효 처리되었다. 전국의 여러 지역에서 낙태 서비스 이용을 제한하기 위한 자금 지원 위협도 계속되었다. 그러나 대법원의 판결은 엄청난 승리

* 캐나다 최초의 페미니즘 작가로 평가받는 시인이자 소설가. 여성의 자아 찾기와 회복의 중요성을 역설했으며, 여러 문학상을 휩쓴 대표작으로 《도둑 신부》, 《시녀 이야기》, 《고양이 눈》, 《눈먼 암살자》 등이 있다.

였으며 지금도 마찬가지다.

오늘날 캐나다에는 낙태 제한 법률이 없다. 활동가 조이스 아서는 이렇게 말했다. "그런 법률이 없어도 우리는 아주 완벽히 잘해오고 있어요. 의사와 여성이 낙태권을 책임 있게 행사하고 있어서, 법적 제재는 필요 없습니다. 임신 기간에 따른 제한 역시 마찬가지입니다. 대기 기간도 필요 없고요. 부모나 배우자의 동의를 구해야 한다는 법률도 필요 없습니다. 특정한 유형의 낙태에 대한 제한도 마찬가지로 불필요합니다."

캐나다 낙태권 연합

조이스 아서는 캐나다에서 치료유산심의회를 시행하던 시기에 낙태했다. 약 6개월 후 그녀는 밴쿠버 아트 갤러리에서 열린 낙태 합법화 찬성 집회를 우연히 접하게 된다. 주저되기도 하고 확신도 없었지만 '밴쿠버 낙태 클리닉 연합'을 조직한 단체의 자원봉사자로 등록했다. 몇 년 후 그녀는 이 단체를 이끌게 되었다. 또 '낙태법 폐지를 위한 캐나다인 연합'이 문을 닫은 2005년에는 전국 각지의 옹호자들이 보내는 지지와 참여에 힘입어 '캐나다 낙태권 연합 (ARCC)'을 창설했다.

현재 조이스는 '캐나다 낙태권 연합'의 이사다. 이 단체는 캐나다 전역에서 생식 보건 서비스, 특히 낙태 시술에 대한 접근성을 개선하고 보호하는 데 앞장서고 있다. 조이스는 이렇게 말했다. "낙태권은 정말 기본적인 인권입니다. 자신의 생식능력을 스스로 통제할 수 없다면 삶이나 몸도 통제할 수 없을 테니까요. 아기를 낳을지 말지, 낳는다면 언제 낳을지를 결정하지 못한다면 다른 권리도 충분히 누리지 못할 겁니다."

3장

낙태를 향한 비난

로우 대 웨이드 판결로 미국 전역에서 낙태가 합법화되자, 합법적인 낙태를 반대하는 사람들은 즉각 새로운 법률을 무력화하기 위해 움직이기 시작했다. 하지만 법을 직접 공격할 수는 없었다. 최고의 상위 법원인 대법원 판결에 항소할 수는 없는 노릇이어서, 낙태 시술을 더욱 어렵게 만들려 했다. 그들은 1973년부터 주 정부를 대상으로 로비하고, 낙태 합법화를 반대하는 정치인에게 재정 지원을 하고 합법적 이의 신청을 넣는 등의 전략을 구사해왔다. 이로 인해 많은 주에서 낙태 서비스 이용을 제한하는 법안들이 많이 통과되었다.

낙태권을 반대하는 활동가들은 선전도 시작했다. 낙태에 대한 노골적인 거짓말과 잘못된 정보들을 퍼뜨렸고 일부는 괴롭힘과 폭력에 가담하기까지 했다. 자신들을 '낙태 합법화를 반대하는 사람'이라고 칭하면서, 원치 않은 임신에 직면한 사람들의 삶에는 조금도 관심을 기울이지 않았다. 실제로 생식권을 가장 극렬하게 공격한 주들에서의 여성과 아기를 위한 보건상의 성과는 최악이었다. 가정의 안녕을 지지하는 정책도 가장 적었다.

"내 양심은 깨끗하고, 내가 선택한 길이 정의롭다는 것을 확신한다.
그래도 몽고메리나 터스컬루사에서 당시 내가 일하던 낙태 클리닉의 주차장에
들어설 때마다, 의지와 달리 본능적으로 오싹한 두려움을 경험하곤 했다.
아침마다 중년의 백인 남성들이 피켓을 들고 주차장에 서서 나를 향해
소리를 질러댔기 때문이다. "살인자!" 그들은 이렇게 고함쳤다.
"아기 살해자! 더러운 깜둥이 낙태 시술자!" 나는 숨지 않았고 경호원을 고용하거나
방탄조끼를 입지도 않았지만 이런 생각에서 도망치는 건 불가능했다.
'네가 한 일로 인해 사람들이 죽었어. 오늘이 네 마지막 날이 될 수도 있어.'
—윌리 파커 박사, 《필생의 일Life's Work: A Moral Argument for Choice》

폭력과 테러

1980년대 낙태 반대 운동은 갈수록 호전적으로 되어가면서 낙태 클리닉과 낙태 시술자들을 공격하기 시작했다. 그들은 클리닉 앞에서 시위를 벌이고, 낙태하려는 여성들을 괴롭히고, 여성들의 접근을 차단했다. 또 의사와 직원들을 위협하고 클리닉의 기물들을 파손했다.

이 단체들은 낙태를 살인 행위라고 주장하면서 광신주의의 불길을 부채질했다. 이로 인해 폭력의 수위는 더욱 높아졌다. 고도로 조직화한 단체들은 클리닉을 폭파하고, 의사와 간호사, 직원들을 공격하기까지 했다.

낙태를 반대하는 단체들은 주간 보육 서비스나 사회 복지, 산전 건강관리 등을 위한 어떤 일도 하지 않는다. 오히려 가능한 보살핌과 임산부 보고 서비스도 차단한다. 그들은 이런 일에는 전혀 신경 쓰지 않는다. 그들의 행동 중 여성과 아기의 생명에 대한 우려와 부합되는 것은 전무하다.
–프랑스와즈 지라드,
  국제여성건강연합 회장

1992년 토론토에 있던 모겐탈러의 클리닉도 폭탄에 파괴되었다. 그 이듬해 플로리다주에 살던 의사 데이비드 군은 극단주의적인 반낙태론자들에게 살해되었다. 낙태 시술 의사들 중 첫번째 희생자였다. 이후 15년간 많은 의사와 클리닉 경비원, 접수원, 간호사들이 다치거나 살해되었다.

미국의 극단주의적인 반낙태론자들은 국경을 넘어 캐나다로까지 건너가 브리티시 컬럼비아와 매니토바, 온타리오에서 낙태 시술을 해주던 3명의 캐나다인을 집에서 저격했다. 다행히 3명의 의사 모두 목숨을 건졌으나 1998년 또 다른 낙태 시술자 바넷 세피안은 뉴욕주 버펄로 집에서 총격을 당해 목숨을 잃었다. 살해 혐의로 유죄를 선고

받은 남자는 캐나다에서 일어난 다른 총격 사건으로 고소를 당하고, 다른 범죄에도 용의자로 의심받던 사람이었다. 또 2009년에는 조지 틸러 박사가 캔자스의 교회에서 안내 봉사를 하다 극단주의적인 반낙태론자에게 살해되었다. 틸러 박사의 병원은 이미 1986년에 폭탄 테러를 당했고, 1993년에는 박사가 양팔에 총을 맞기도 했었다.

　이런 일들은 사건에 직접적으로 영향을 받는 가족과 지역 공동체, 폭력에 대한 두려움을 안고 살아가는 낙태 시술자들, 여성의 건강과 생식의 정의에 관심 있는 모든 이에게 충격을 안겨주었다. 안전에 대한 두려움 때문에 낙태 시술을 단념한 젊은 의사들도 있었지만 다른 사람들은 조직을 만들어 저항하기 시작했다.

가르송 로말리스 박사

가르송 로말리스 박사는 앞 장에서 소개한 캐나다 의사로, 두 번의 살해 시도에도 살아남았다. 1994년, 30년 넘게 의사로 일하던 그는 자택 창문을 뚫고 들어온 총알에 맞았다. 심한 총상으로 거의 죽음에 이를 뻔한 그는 약 2년간의 재활 치료 후 복귀해 낙태 서비스를 제공했다. 6년 후에는 근무하던 클리닉으로 들어가다 칼에 찔렸는데 다행히 부상은 가벼웠다. 2달 후 복귀해서는 낙태 시술만 했다. 그는 이렇게 말했다. "여성의 안전한 낙태를 돕는다는 이유로 사람을 죽여야겠다고 생각할 수 있는지, 지금도 이해하기가 힘듭니다. 이런 폭력적인 테러 행위는 실제로 저와 가족의 삶, 모든 면에 영향을 미쳤습니다. 우리 삶은 영원히 바뀌어버렸어요." 그러나 낙태에 대한 생각과 여성의 건강을 위한 헌신은 변함없이 그대로였다. 그는 짧은 투병 기간을 거친 후 2014년 78세로 생을 마감하기까지 낙태 시술을 계속했다.

"우리가 인간으로
대접받지 못할 때,

정치인들이 우리를 '어떤 형태로든 징벌'
해야 한다고 말할 때, 선출된 공무원들이
투표로 낙태를 '살인'으로 규정할 때,
사람들이 우리를 살인자라고 부를 때,
우리는 더욱더 쉽게 권리를 박탈당한다.
언어는 중요하며 폭력을 부르기도 한다.
나처럼 경험을 공유한 사람들과
낙태 제공자들은 숱한 위협을 받아왔다."

—르네 브레이시 셔먼, '전국낙태기금네트워크'
프로그램 중 하나인 '우리는 증언한다'의 창시자

낙태 합법화를 찬성하는 의대생들

'낙태 합법화 찬성 의대생 협회(MSFC)'는 1993년에 결성된 학생 단체다. 원래는 데이비드 군 살해 사건과 반낙태 단체들의 다른 만행들에 대응하기 위해 만들어졌다. 이 단체는 의대생들이 낙태 시술에 필요한 훈련을 확실히 받을 수 있도록 지원한다. 가장 일반적 수술임에도 대부분 의대생에게 낙태 수술을 가르치지 않고 있어서다.

'낙태 합법화 찬성 의대생 협회'는 낙태 합법화를 찬성하는 의사와 낙태 시술자를 배출하기 위해 25년 이상 노력해왔다.

"의대에서 힘 있는 자리에 있는 사람들과 낙태 합법화에 반대하는 단체들을 많이 알고 있어요." '캐나다 낙태권 연합'의 이사인 조이스 아서의 말이다. "그들은 낙태에 대한 침묵과 오명이 지속되길 바라죠." 미래의 의사들에게 낙태와 피임 교육을 하지 않으면 환자에게 폭넓은 의료 서비스를 제공할 수 없다. '낙태 합법화 찬성 의대생 협회'는 전 세계 210개 이상의 대학에서 10,000명도 넘는 회원을 거느리고 있다. 학생들이 이끌어가는 이 단체 덕분에 미래의 수많은 의사가 낙태 교육과 실습을 받을 수 있게 되었다.

클리닉의 경비원들

시위자들이 낙태 클리닉을 목표로 삼는 곳에서는 자원봉사자들이 환자들을 지지하고 보호했다. 클리닉의 경비원들은 피켓 시위자들을 계속 지켜보다가 법을 어기면 그들을 신고한다. 몇몇 주와 도, 소도시에서는 특정한 법을 통해 시위자들에게 '버퍼 존buffer zone'이나 '버

"조국인 에콰도르에서
의대에 다닐 때

생식권을 위한 싸움에 참여하게 되었다.
생식권은 내게 중요한 문제다. 의사로서
내가 사는 공동체의 생식 건강을 변호해야
한다고 느끼기 때문이다. 누구도 강제로
아이를 낳아서는 안 된다."

—데이비드 임바고 자콤, '연구와 교류를 위한
  의대생 연합(AEMPP)'의 전 회장이자
  '성과 생식권을 위한 청년 연합',
  '낙태 지원그룹'의 공동 의장

일리노이주 낙태 합법화 찬성 행동팀' 소속 경비원들. 이들은 미국과 캐나다, 영국의 단체에 클리닉 경비대를 위한 조끼를 무료로 보내주는 비영리 단체인 '클리닉 베스트 프로젝트'의 임원이기도 하다. '클리닉 베스트 프로젝트'는 2013년 생식권 활동가인 베니타 울리사노(왼쪽)가 창설했다.

블 존bubble zone', '액세스 존access zone' 바깥에 머물도록 요구하고 있다. 클리닉의 경비원들은 흔히 환한 색상의 조끼를 입고 클리닉을 찾는 사람들을 반겨준다. 그리고 시위자들이 환자들의 내원을 방해하지 못하도록 한다. 경우에 따라서는 적대적이고 위협을 일삼는 군중을 뚫고 병원으로 들어갈 수 있게 환자들을 호위한다. 이런 일에는 보통 위험이 따르게 마련이어서, 경비원들은 괴롭힘이나 폭력에 직면하기도 한다. 실제로 제임스 바렛은 플로리다주의 클리닉 밖에서 총격을 당해 사망했다.

미국에서의 낙태 제한

로우 대 웨이드 사건 이후, 미국의 여러 주에서는 낙태에 대한 접근

성을 제한하기 위해서 대법원에 수십 차례 항소했다. 그러나 대법원
은 이런 시도를 대부분 각하하고 로우 대 웨이드 판결을 집행했다.
그러나 두 가지 중요한 판결을 공표했는데, 모두 가난한 여성과 젊은
여성들의 낙태 접근성을 강력히 제한하는 것이었다. 1979년 대법원
은 미성년자는 부모의 동의를 얻거나 스스로 결정할 수 있을 만큼 성
숙했음을 심사위원에게 납득시켜야 한다고 판결했다. 또 1980년에는
하이드 수정안*을 인정했는데, 이 조항은 건강보험 대신 메디케이드
Medicaid**에 의존할 수밖에 없는 여성들의 낙태 접근성을 제한하는 것
이었다.

2017년 세계 여성의 날, 워싱턴 DC에서 생식권을 지지하는 집회가 열렸다.

* 임산부의 생명이 위험할 경우, 강간이나 근친상간에 의한 임신인 경우를 제외하고는 낙태 관련 의료
  비용에 연방기금 지원을 중단한다는 법이다.

** 소득이 빈곤선의 65% 이하인 극빈층에게 연방 정부와 주 정부 공동으로 의료비 전액을 지원하는
   공공 부조 제도

22살 때였다. 4.0의 성적으로
대학을 졸업하고 가장 원하던
대학원의 입학 허가까지 받은 날,
임신임을 알게 됐다. 물론 즉시
낙태를 원했다. 오하이오주의 의무
유예 요건 때문에 하루에 수술을
받을 수 없어서 하는 수 없이 약속을
두 개 잡았던 것이 기억난다.
약속한 날 '가족계획연맹'* 건물에
들어가려는데 4명의 백인 남자가
건물 밖에 서서 내게 고함을
질러댔다. 남자친구도 틈만 나면 나를
이기적이라고 비난하면서 낙태를
막으려고 했다. 다행히 내게는 편을
들어주는 친구들이 있었다. 낙태
경험이 있는 사람들은 모든 것이
괜찮을 거라고 안심시켜주었고,
그들의 말은 맞았다. 낙태 후 건물
밖으로 걸어 나오는데, 난생 처음
내게 권한이 있다는 느낌이 들었다.
−케샤 데이베이, '우리는 증언한다:
　우리의 낙태 이야기'

하이드 수정안은 로우 대 웨이드 사건 후 3년이 지난 1976년에 처음 도입되었고, 이후 여러 차례 법적 이의 제기의 대상이 되었다. 이 개정안에 따르면, 임산부의 생명이 위험에 빠졌을 때 같은 특수한 경우를 제외하고는 연방 정부의 지원금을 낙태 비용으로 사용할 수 없다. 미국의 각 주는 연방 헌법에 묶여 있을 뿐 아니라 각 주만의 헌법도 갖고 있다. 16개 주의 생식권 옹호자들은 연방 정부의 메디케이드 프로그램은 낙태 비용 충당에 도움이 안 되지만 주 자금은 사용 가능하게 만드는 데 성공했다.

이 주의 저소득층 여성은 주의 메디케이드 프로그램 덕분에 낙태 비용을 충당할 수 있지만 다른 주들은 낙태 비용을 지원해주지 않는다. 건강보험으로 낙태 비용을 충당할 수 없는 저소득층 여성들은 수백 달러 비용을 마련하기 위해 분투할 수밖에 없다. 이런 여성들은 대부분 집세도, 식료품비도 지불하는 것이 힘들다. 혹은 늦게 낙태하거나, 산모가 위험해져도 어쩔 수 없이 임신 상태를 유지하다가 아이를 낳는다. 요컨대 하이드 수정안으로 인해 40년이 넘도록 수백만 명의 미국 여성이 비용이 너무 비싸서 낙태하

* '미국가족계획연맹'은 전 세계에서 생식 의료와 성교육, 정보를 제공하는 비영리 단체다.

지 못했다. 그런데도 2017년 미국 정부는 하이드 수정안을 항구적으로 못박는 법안을 가결했다.

의무 대기 기간

많은 주들이 임산부에게 낙태 전 상담을 받고 최장 3일까지 대기 기간을 갖도록 요구한다. 이 때문에 임산부는 두 번이나 클리닉을 방문해야 한다. 클리닉에서 멀리 떨어져 사는 사람들에게 이것은 특히 힘든 일이다. 두 번 휴가를 내고, 두 번 아이를 맡기고, 두 번이나 여행 경비를 지급해야 하기 때문이다. 요컨대 낙태받는 어려움이 두 배로 늘어나는 것이다. 다른 의료 수술은 거의 대기 기간을 요구하지 않는다. 낙태 대기 기간은 의학적으로 불필요한 요구 사항이며 낙태를 더욱더 어렵게 만들 뿐이다.

대기 기간이 낙태율을 낮추지 못한다는 것은 연구 결과들을 통해서도 알 수 있다. 낙태를 더 어렵게 만들기만 하고, 낙태를 원하는 사람들에게 정서적 스트레스를 배가시킨다. 대기자의 대다수가 약속을 잡을 때 이미 임신을 종결하겠다는 확고한 결심을 했기 때문이다. 게다가 두 번 여행에 필요한 추가비용을 마련하는 데 시간이 소요돼 낙태가 지연되기도 한다. 이로써 임신 후기에 낙태 수술을 받는 경우가 늘어날 수도 있다. 임신 기간이 길어질수록, 낙태가 매우 안전하게 시행되어도 합병증 위험이 높아진다. 거기다 수술비용까지 늘어나면 가난한 여성에게는 정말로 큰 문제가 아닐 수 없다. 낙태비용을 마련하는 데 시간이 필요할 경우 수술이 지연될 가능성이 높아지고, 수술이 늦어지면 비용은 훨씬 더 증가하기 때문이다.

낙태 서비스에 대한 모든 제약은 가난한 이들에게 상처를 준다.

그리고 유색인이나 장애가 있는 여성처럼 이미 소외된 집단이 가장 심각하게 부정적 영향을 받는다.

부모의 동의와 고지에 관한 법률

피임약이나 기구 사용률이 증가하면서 십 대의 임신 수치는 줄어들고 있다. 그래도 미국에서는 해마다 400,000명 이상의 십 대 소녀가 임신한다. 대부분 계획하지 않은 임신이며 1/3에 가까운 십 대가 결국 낙태한다. 그래도 이들이 낙태 서비스를 이용하기는 쉽지 않을 것이다. 18세 미만의 여성은 낙태 규제 대상이기 때문이다. 미국 대부분의 주에서는 미성년자가 낙태할 경우 낙태 전에 부모의 동의서를 받거나 부모에게 알릴 것을 요구한다.

몇몇 주들은 낙태를 원하는 십 대에게 한쪽 혹은 양부모의 동의를 요구한다. 한편 동의까지는 아니어도 부모에게 알려야 한다는 주도 있다. '가족계획' 웹사이트에 들어가면 부모의 동의와 고지를 요구하는 주에 관한 최신 정보를 확인할 수 있다.

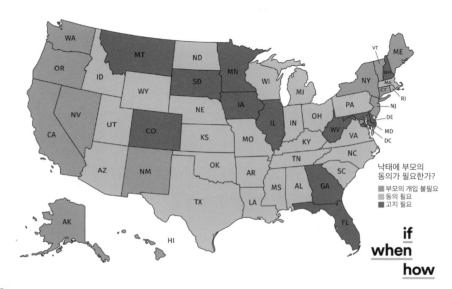

낙태에 부모의
동의가 필요한가?
▪ 부모의 개입 불필요
▪ 동의 필요
▪ 고지 필요

if
when
how

사실 낙태를 하는 십 대는 대부분 부모에게 이야기한다. 나이가 어릴수록 적어도 부모 중 한쪽과는 이 문제를 이야기할 가능성이 높다. 그렇지 않은 십 대는 대개 신뢰할 수 있는 다른 성인에게 털어놓는다. 그런데 연구 결과들을 보면, 부모를 끌어들이고 싶지 않은 십 대에게는 대개 그럴 만한 이유가 있다. 신체적으로 학대당하거나 집에서 쫓겨날까 봐 두려운 것이다. 혹은 상황이 안 좋거나 부모와 살고 있지 않아서일 수도 있다.

'제인Jane'** 중 1/3은 부모와 살지 않거나 법적 보호자가 없다. 이는 법적으로 낙태에 동의해줄 사람이 없음을 의미한다.

-'제인을 위한 적법 절차'**의 2016년 결과 보고

텍사스주의 '제인을 위한 적법 절차'는 미성년자를 위한 법정 대리에 주력하고 있다. 이 단체는 비밀을 지키기 위해 사법적 우회권을 신청하는 십 대들을 제인 도우, 혹은 줄여서 제인이라고 부른다.

부모 동의법 때문에 도리어 위험에 처할 수도 있는 것은 이 법으로 인해 의료 혜택을 단념하거나 임신 말기에 낙태할 가능성이 커지기 때문이다. 또 불법 낙태를 받거나 혼자서 임신 종결을 시도할 위험도 커진다. 그래서 십 대들 중에는 제약이 덜한 주로 가서 낙태하는 경우도 생긴다.

부모 동의법이나 고지법이 시행되는 주에 거주하는 십 대는 법원에 가서 부모 고지 요건의 포기를 요청할 수도 있다. 이것을 사법적 우회라고 하는데, 그러나 대부분의 청소년은 겁이 나서 사적인 문제를 판사에게 잘 말하지 못한다. 설사 그랬다 하더라도 사법적 우회권을 획득하는 데는 몇 주가 소요된다. 이로 인해 청소년들은 스트레스

---

* '제인을 위한 적법 절차'에서는 여러 이유로 낙태에 필요한 부모 동의서를 받을 수 없는 소외된 여성을 '제인'이라고 부른다.

** 2001년에 창립된 비영리 단체로서 십 대 임산부들에게 법적 서비스를 제공하는 일에 주력하고 있다.

2017년 9월 '미국 의회 지지의 날',
스테파니 피네이로.
젊은 지지자들이 의회에서
상원의원들을 만나 이야기를 나누고
생식권을 위한 로비를 했다.

와 불안에 시달리고 낙태는 더 늦어진다.

스테파니 피네이로는 사법적 우회권 때문에 곤란을 겪었다. 17살 스테파니는 라틴계 이민자 2세대로 대학을 다니면서 가족을 돕기 위해 여러 일을 했다. 어느 여름 피자 가게에서 일하던 중에 로맨스가 시작됐다. "이 로맨스 덕분에 처음으로 진정한 사랑을 알게 됐어요." 스테파니는 이렇게 회상했다. 스테파니가 찾아간 소아청소년과 의사는 가톨릭 신자여서 피임약을 주지 않았다. 대신 이 사실을 부모가 알아야 하며, 신은 너무 어린 나이에 섹스하는 걸 원치 않는다고 말했다. 할 수 없이 스테파니 커플은 섹스할 때 콘돔에 의지했다.

그런데 여름이 끝나갈 무렵 콘돔이 망가졌다. 이 커플은 온라인에서 다른 방법을 검색했다. 그러다가 응급 피임약(플랜 B 혹은 사후피임약으로도 알려져 있다)을 발견했다. 당시 18세였던 남자친구가 피임약을 사러 약국에 갔지만 약사는 약을 팔지 않았다. 이로 인해 스테파니는 이후 2주 동안 기다림과 불안 속에서 스스로 임신을 종결하는 방법에 대한 정보들을 인터넷에서 계속 검색했다. 구글에서 스스로 하는 낙태, 유산법까지 찾아보았고, 심지어는 누군가 자기를 계단 아래로 밀어버렸으면 싶기도 했다. 그렇게 2주가 지난 후, 직장 화장실에서 임신 테스트기로 확인을 해보았다. 결과는 양성이었다.

"저는 직장을 나와서 제가 다니던 대학으로 곧장 차를 몰았어요. 그러고는 남자친구의 수업이 끝나기를 기다렸죠. 상의할 필요가 있었으니까요." 스테파니는 이렇게 회상했다. "남자 친구에게 임신했다고 털어놨어요. 2학년이던 그는 더 큰 대학으로 옮겨가 미식축구를 하고 싶어 했어요. 저는 변호사가 되리라는 큰 꿈을 안고 복수 전공을 하고 있었고요. 그런데 이걸 할 수 없게 된 거예요. 둘 다 원치 않던 일이죠. 우린 우리 생각대로 살고 싶었어요."

스테파니는 선택할 수 있는 방법을 찾다가 사법적 우회권을 알게 됐다. 전화 상담 서비스를 발견하고 이틀간 통화를 하려고 애쓰다 그녀와 같은 사례를 처리해줄 변호사의 연락처를 얻었다. "그다음 날 변호사 사무실을 찾아갔어요. 변호사는 제가 부모님께 낙태하겠다고 말하면 안전하지 않으리라는 점을 판사에게 입증할 증거를 모아야 한다고 했어요. 변호사를 꿈꾸던 학생으로서 당연히 그 일을 받아들이고, 변호사가 요구한 것 이상을 해내리라 다짐했지요. 판사에게 그의 결정이 헛되지 않으리라는 점도 입증하고 싶었고요. 저는 대학성적증명서를 발급받고 5쪽짜리 에세이도 썼어요. 그리고 가족과 제가 겪었던 가정 폭력의 실례들을 강조한 법적 문서도 제출했죠."

스테파니 덕분에 변호사는 수월하게 일할 수 있었다. 그러나 다음 단계는 두려운 것이었다. 스테파니는 이렇게 말했다. "제 운명이 판사의 손에 놓여 있었어요. 정말 두렵고 혼란스러웠습니다. 게다가 저 혼자였어요. 저를 계속 나아가게 만든 건 생존 본능뿐이었어요. 저는 스스로 해결법을 찾았고, 그래야만 했지요. 늘 그랬으니까요."

일주일 뒤 스테파니는 심리를 받았다. "무슨 말을 했는지, 중요한 말을 하기는 했는지 전혀 기억이 안 나요. 하지만 다음 날 저를 제인 도우로 칭한 법원 명령서를 받은 걸 보면, 뭔가 설득력 있는 말을 한 건 분명해요. 저는 부모님에게 학교에 간다고 말하고 먼저 병원엘 갔어요. 그리고는 병원이 문을 닫을 때까지 그곳에 있었습니다. 그 후 남자친구가 와서 제 차 있는 데까지 데려다줘서 차를 몰고 집으로 왔죠. 저는 집으로 걸어 들어가서 어머니가 저녁 준비하는 걸 도왔어요. 감자를 깎았죠."

스테파니는 그런 경험들로 인해 열정적이고 헌신적인 생식권 옹호자가 되었다. 현재 그녀는 낙태를 희망하는 여성들에게 재정 지원을 해주는 '중부 플로리다 여성 응급 기금'의 부이사장직을 맡고 있다. 또한 '우리는 증언한다'의 증언자로서 자신의 낙태 경험도 공개적으로 들려주고 있다.

"저는 운 좋게도 사법적 우회권을 누릴 수 있었어요. 하지만 전국의 많은 십 대들은 그러지 못하고 있죠. 제가 여러분을 위해 매일 싸우고 있다는 것을 알았으면 좋겠어요. 저는 여러분을 이해하고 여러분을 느끼고 있습니다. 여러분은 혼자가 아니에요. 그리고 이 체계가 여러분에게 제공하는 것보다 훨씬 좋은 대접을 받을 자격이 있어요. 더 나은 것을 요구하고, 필요한 것을 위해 싸우세요."

낙태 제공자 표적 규제법

많은 주들이 통과시킨 낙태 제공자 표적 규제법(TRAP)은 낙태를 해주는 병원에 초점을 맞추고 있다. 사실 모든 의료 시설은 건강과 안전을 위한 요건들의 지배를 받지만, 이 낙태 제공자 표적 규제법이 부과하는 요건은 낙태 제공자에게만 적용된다. 다른 의료 제공자들에게는 이런 요건이 적용되지 않는다. 게다가 이 규제법의 요건은 환자의 건강이나 안전과는 대부분 상관없다.

이 글을 쓸 당시, 낙태 제공자를 규제하는 법률이나 정책을 시행하는 주는 24개나 되었다. 낙태 제공자 규제법 중에는 병원 수위의 옷장이나 주차장 크기에 대한 규칙도 있다. 또 의료 센터 내 야외 정원의 잔디는 일정한 길이로 잘라야 한다는 규정도 있다. 이런 불필요하고 비경제적인 규제의 목적은 낙태 클리닉이 문을 닫게 만드는 것

2018년 3월, '#거짓말을 멈춰라' 캠페인의 일환으로, '위기임신센터'들의 기만적 행태에 대한 대중의 관심을 위해 대법원 앞에서 집회를 갖고 있다.

이다. 실제로 이런 전략이 성공을 거둔 경우도 있다.

이 법으로 인한 병원 폐업은 대부분 남부에서 일어났다. 남부는 미국 흑인의 반 이상이 거주하는 지역이다. 이로 인해 낙태 클리닉이 아예 없는 주도 많으며 하나뿐인 곳도 다섯 개나 된다. 미국 내 낙태 환자들에 대한 2014년도 조사에 의하면, 응답자의 3/4이 아이를 키울 경제적 여력이 없어서 낙태한다고 대답했다. 그런데 아이러니하게도 낙태가 가장 어려운 곳은 여성이 가장 가난한 주들이기도 하다. 다시 말하자면 가난한 유색인 여성이 이런 규제법에 가장 영향을 받는 것 이다.

낙태 반대자들의 전략

낙태 반대자들이 쓰는 전략 중 하나는 여론에 영향을 미치는 것이다. 그러기 위해 낙태를 실제보다 덜 안전한 것처럼 여기게 만든다. 과학적 증거와는 완전히 상충되는 거짓 정보를 퍼뜨리는 것인데, 이런 잘못된 정보는 흔히 원치 않은 임신에 직면한 여성과 젊은이들을 직접 겨냥한다.

우리가 처음 찾아간 곳은 끔찍했다. 낙태아 사진을 보여주고 수치심을 유발해 임신을 유지하게 만들려는 곳, 바로 '위기임신센터'였다.
이 경험으로 정신적 상처를 입은 후 우리는 낙태 수술을 해주는 '가족계획' 클리닉을 발견했다.
며칠 후 찾아가보니 고맙게도 그들은 우리의 결정을 이해해주었다.
─타냐 디패스, '우리는 증언한다'

금욕 중심의 교육

미국의 학교 시스템에서도 거짓 정보를 적극적으로 가르친다. 많은 주에서 금욕 중심 교육 프로그램(성교육 프로그램)으로 학생들에게 결혼 전까지는 섹스하지 말라고 가르친다. 이런 프로그램은 흔히 콘돔이나 피임약, 자궁 내 피임 기구 같은 것의 실패율을 과장한다. 또 인간 면역결핍바이러스와 섹스를 통해 옮겨지는 전염병 관련 거짓 정보를 제공하며, 낙태에 대한 근거 없는 믿음을 영속시킨다. 성적으로 활발한 십 대에게 안전한 섹스에 대해서도, 피임법도 가르치지 않는다.

연구 결과, 금욕만 중시하는 성교육은 금욕에 전혀 혹은 거의 영향을 미치지 않는 것으로 나타났다. 다시 말해 섹스하지 말라는 가르침은 십 대의 성행위 여부에 사실상 영향을 미치지 않는 것이다. 하지만 금욕 중심의 성교육이 정말 영향을 미치는 영역이 있는데, 바로 십 대의 임신율이다. 금욕적 성교육을 시행하는 주들에서의 십 대

낙태에 대한 근거 없는 믿음과 사실

미신: 낙태는
건강에 위험하다.

　　사실: 임신 후 첫 3개월은 임신을 유지해
　　　　출산까지 못 갈 위험이 낙태 시보다 10배가량 더 높다.

미신: 낙태를 하면 유방암에
걸릴 위험이 높아진다.

　　사실: 낙태가 유방암의 위험을 높이지 않는다는 과학적 증거는 넘친다.

미신: 낙태 후에는 종종 자신의 결정을
후회하고 우울증을 겪는다.

　　사실: 계획에 없던 임신은 스트레스를 유발할 수 있다.
　　　　낙태한 사람들은 대부분 후에 안도감을 느낀다.
　　　　계획에 없던 임신을 종결한 사람이 나중에 난관과 우울을
　　　　경험하는 경우도 분명 있다. 그러나 임신을 유지하기로
　　　　선택한 이들도 마찬가지다. 낙태를 선택했다 해서
　　　　계획에 없던 임신을 지속하기로 결정했을 때보다
　　　　우울증 위험도가 높아지는 것은 아니다.

미신: 낙태를 하면 나중에
임신이 어려워진다.

　　사실: 임신 후 첫 3개월 사이 합병증 없이 안전하게 합법적으로
　　　　낙태했다면 미래의 출산에 아무 영향이 없다.

미신: 태아도 낙태 중에
고통을 경험한다.

　　사실: 임신 후 최소 24주가 되기 전까지
　　　　태아는 고통을 느끼지 못한다.

임신율은 매우 높게 나타났다. 반면 포괄적 성교육을 받은 십 대들은 당연히 임신할 가능성이 훨씬 낮았다.

위기임신센터

미국과 캐나다의 '위기임신센터'도 잘못된 정보의 근원지다. 낙태 클리닉 숫자의 3배에 이르는 센터들은 선택을 존중하고 지지하며 자원을 제공하는 상담센터 혹은 의료 클리닉이라고 스스로를 홍보한다. 그러면서 종종 공공 자금도 받는다. 하지만 이들은 고객이 스스로 선택하도록 지원하기보다 잘못된 정보를 제공한다. 이러한 정보는 낙태의 위험을 엄청나게 과장함으로써 임신을 지속하도록 임산부를 설득하기 위한 것이다.

물론 이런 센터도 몇몇 유용한 서비스를 제공하기는 한다. 하지만 흔히 낙태 반대를 위해 고객을 조정하거나 거짓말을 한다. '캐나다 낙태권 연합'은 캐나다 위기임신센터들의 웹사이트를 살펴보고 2016년 그 결과를 발표했다. 이 보고서에 따르면 대부분의 센터는 웹사이트를 통해 낙태와 피임, 섹스로 인해 옮겨진 전염병, 성행위, 입양에 대해 부정확하거나 허위인 정보들을 퍼뜨리고 있었다. 또 종교적 소속을 감추거나 낙태를 돕지 않는다는 사실을 솔직히 드러내지 않는 곳들이 많았다.

잘못된 사전 동의

몇몇 주에서는 의사가 낙태 수술을 하기 전 환자에게 사전 동의서를 큰 소리로 읽어주어야 한다. 어떤 의료 행위에서나 이 사전 동의는 중요한 개념이다. 환자에게 충분한 정보를 알려주어야 환자도 자신

'변화를 위한 가톨릭교도 모임' 회원들이 미국 워싱턴 DC의 대법원 건물에서 낙태권을 주장하고 있다.

이 선택한 방법을 모두 이해하고 위험성을 인식하고 바람직한 결정을 내릴 수 있다. 낙태 제공자들도 이 점에 동의한다.

그런데 미국의 많은 주에서는 낙태 제공자들이 읽어주어야 하는 이 동의서가 특별한 법률에 따라 정해져 있다. 이런 주의 대부분에서는 반낙태 이데올로기와 선전이 이 동의서에 지대한 영향을 미친다. 낙태 수술이 향후 환자의 신체적·정신적 건강에 여러 위험을 초래할 수 있음을 주지시킬 것을 요구한다. 예를 들어, 낙태하면 불임의 위험이 있다고 말해주어야 한다. 과학적 증거에 따르면 이것은 결코 사실이 아니다.

의사 중에는 법에 따라 이 정보를 읽어주지만, 연구 결과 이 정보는 사실이 아닌 것으로 입증되었다고 덧붙이는 식으로 이 문제에 대처하는 이들도 있다. 남부 주에서 낙태를 제공하는 윌리 파커는 이렇게 말했다. "미시시피주에서는 낙태가 유방암에 걸릴 위험을 높인다고 고지하도록 요구하고 있죠. 하지만 이건 사기를 위한 엉터리, 거짓말입니다! 과학적 증거가 없으니까요. 그래서 저는 법이 요구하는 내용을 일러주고, 뒤이어 이것이 전혀 사실이 아님을 설명해줍니다."

자신의 몸과 선택을 위해 정확한 정보를 얻는 것은 중요하다. 생식권을 지지하는 사람들이 이런 거짓과 직면해 이에 이의를 제기하는 데도 정확한 정보는 필수적이다.

가톨릭교회의 억압

가톨릭교회도 낙태권을 강경하게 반대하는 강력한 로비 세력이다. 가톨릭교의 이데올로기가 막강한 영향을 미치는 국가에는 일반적으로 낙태를 금지하거나 엄격하게 제한하는 법률이 있다. 이런 나라들은 때로 피임까지 법적으로 제한한다. 가톨릭교회는 생식권을 약화하기 위해 국제적 차원에서 많은 일을 해왔다.

바티칸시는 면적이 골프장보다도 작고 시민도 몇 백에 불과하다. 이 중에 여성은 50명도 안 된다. 하지만 바티칸 시국은 유엔에서 엄연한 국가로 인정받고 있다. 바티칸 시국의 정부 즉 교황청은 유엔에서의 지위를 이용해, 그들의 견해를 가톨릭교도와 비가톨릭교도 가리지 않고 모든 사람에게 강요한다. 또 러시아와 이란, 사우디아라비아 같은 보수적인 나라들에서 동조자를 찾아내 전 세계 여성과 소녀들의 생식권과 자유를 보호하려는 노력을 끊임없이 방해한다.

교회의 공식 입장에도 불구하고, 가톨릭교도는 비가톨릭교도만큼

미국 대법원 밖에서 생식권 활동가들이
시위를 벌이고 있다.

이나 낙태 가능성이 있는 것 같다. 대다수의 가톨릭교도가 교회의 가르침을 거부하고 피임을 받아들이고 있기 때문이다. 2015년 미국에서 실시한 여론 조사에 따르면 86%가 피임을 '도덕적으로 받아들일 수 있는' 것으로 생각했다. 그리고 다수의 가톨릭교도(몇몇 나라에서는 대부분)는 낙태에 대한 가톨릭교회의 입장에 동의하지 않았다. 실제로 '변화를 위한 가톨릭교도 모임' 같은 단체들은 변화를 도모하고 있다.

트럼프-펜스 행정부의 위협

2017년 도널드 트럼프가 대통령에 취임한 이래, 미국에서 생식 선택의 미래는 지난 몇 년보다 더욱 불투명해졌다. 선거운동 기간 동안 트럼프가 낙태하는 여성은 '어떤 형태로든 처벌'해야 한다고 주장했기 때문이다. 마이크 펜스를 부통령으로 선택한 것도 분명하고 섬뜩한 메시지를 전달했다. 펜스는 극단적으로 낙태권 반대 법안들을 밀어붙여왔기 때문이다. 낙태 여성들이 태아의 조직fetal tissue을 위해 장례식을 치러야 한다는 법안이나, 생명이 위독해 낙태가 필요한 경우에도 가톨릭 병원의 낙태 거부를 허용해야 한다는 법안이 그런 예다. 그뿐만 아니라 그는 '로우 대 웨이드 사건을 그것이 속한 역사의 잿더미 속으로 보내버릴 것'이라고 공언했다.

로우 대 웨이드 판결을 뒤집을 수 있는 건 대법원뿐이다. 그리고 도널드 트럼프는 '낙태를 반대하는' 판사들로 모든 결석을 채워서 로우 대 웨이드 판결을 뒤집겠노라고 약속했다. 실제로 2017년에는 닐

고서치를 임명하고, 2018년에는 성폭행 혐의에도 불구하고 브렛 캐
버노를 임명했다. 이 두 판사는 대법원의 균형을 보수적인 다수당 쪽
으로 기울게 하여 로우 대 웨이드 판결을 직접 뒤집거나 무효화하는
방안을 모색 중이다. 트럼프는 또 하급 법원에도 대단히 보수적인 판
사들을 많이 지명했는데 이런 직책은 대부분 종신직이다. 많은 미국
인은 앞으로 수년간 이런 판사들의 결정이 불러올 영향 아래 놓일 것
이다.

　트럼프 행정부에 용기를 얻은 많은 주도 수많은 반낙태 법안들을
도입 중이다. 여기에는 로우 대 웨이드 판결로 보장받은 낙태권과 직
접 충돌하는 금지 법안도 포함돼 있다. 물론 생식권 옹호자들은 법
원에서 이런 법안에 즉각 이의를 제기하고 있다. 이런 금지 법안들은
더 보수적이며 로우 대 웨이드 판결을 뒤집을 수도 있는 대법원까지
법안을 가져가려는 노력의 일환이다. 이런 상황이 벌어진다면 미국
에서 낙태권은 개인적 상황에 따라 달라질 수도 있다. 거주하는 주가
어디인지, 다른 주까지 갈 경제적 여유가 있는지에 따라 낙태 수술
여부가 결정될 수도 있다.

　트럼프-펜스 행정부는 정부의 핵심 요직에 반낙태 옹호자들을 배
치해왔다. 게다가 생식권에 대한 새로운 공격도 끊임없이 일어나고
있다. 2018년 행정부는 '가족계획'뿐만 아니라(마이크 펜스는 몇 년간
'가족계획'에 대한 재정 지원을 철회하려 했다), 산아제한과 생식 보건을
위해 연방 기금을 받는 의료 서비스 제공자에게도 제약을 가하는 조
처를 발표했다.

　이로써 의사가 환자를 낙태 서비스 제공자에게 보내는 것이 더욱
어려워졌다. 또 환자는 자신이 받을 수 있는 의료 서비스에 대한 정

확한 정보를 충분히 받을 수 없게 되었다. '국내 금지 규정'이라고 불리는 이런 정책은 '가족계획'을 포함한 의료 서비스 제공자에게 영향을 미칠 수 있다. 이런 제공자들의 토대가 약화되면, 사람들이 피임과 통상적인 건강 검진 서비스에 다가가기도 더욱 어려워진다.

십 대의 임신을 줄이기 위한 연방 기금도 포괄적인 성교육에서 금욕에 기초한 성교육으로 옮겨가고 있다(연구 결과 금욕적 성교육은 훨씬 높은 십 대 임신율과 매우 관련 있는 것으로 나타났다). 요컨대 트럼프-펜스 행정부는 생식의 선택과 낙태권을 공격하고 원치 않은 임신을 더욱 증가시킬 수 있는 정책을 추구했다.

트럼프-펜스 행정부가 가한 위협은 이처럼 아주 실제적이지만 그만큼 강력한 저항도 집결되고 있다. "희망적인 것도 있습니다. 우리에겐 2020년을 대비한 정말 강력한 조직화 도구가 있다는 점이죠." 생식권 옹호자 네트워크인 All Above All의 공동 이사 데스티니 로페즈가 말했다. "트럼프 당선으로 인해 정말로 힘든 난관이 닥쳐왔습니다. 하지만 우리 저소득 유색인 이민자 여성들은 이기기 힘든 상대와 맞서 싸우는 데 익숙해요."

4장

안전한 낙태를 위한
전 세계의 투쟁

전 세계적으로 임산부 4명당 1명꼴로 임신을 종결한다. 이 중 거의 반이 안전하지 않은 낙태를 한다. 매년 불안전한 낙태가 2,500만 건이나 이루어지고 있다는 말이다. 훈련을 잘 받은 의사에게 클리닉이나 병원에서 낙태를 받는 대신, 소독도 안 된 곳에서 무자격자에게 낙태를 맡기는 것이다. 당연히 이로 인한 상해나 감염, 사망도 너무 빈번하다.

불안전한 낙태의 대다수(97%)는 아프리카와 아시아, 라틴 아메리카의 개발도상국에서 일어나고 있다. 불법적이고 불안전한 낙태는 여성의 삶과 건강에 심각한 피해를 준다. 전 지구적으로 매년 약 47,000명이 불안전한 낙태의 합병증으로 생명을 잃고 있다. 이런 죽음은 거의 모두가 개발도상국에서 발생한다. 이러한 낙태의 합병증으로 8분에 1명씩 생명을 잃고, 매년 220,000명의 아이가 엄마를 잃는다.

불안전한 낙태로 인한 상해와 발병률은 훨씬 높다. 개발도상국에서는 매년 약 700만 명의 여성이 낙태로 생긴 합병증 치료를 받는다. 합병증을 겪으면서도 치료를 못 받는 여성도 수백만이나 된다. 이 때문에 많은 여성이 평생 건강 문제로 고통받는다.

　물론 여성이 낙태 서비스를 받지 못하는 것은 개발도상국에서만 벌어지는 일이 아니다. 많은 선진국이 낙태를 불법으로 규정하고 있다. 예를 들어 폴란드는 강간이나 근친상간, 혹은 태아와 임산부의 건강이 심각하게 위태로운 경우를 제외하고는 낙태를 금지한다. 북아일랜드의 규제는 훨씬 강력하다. 임신으로 생명이 위태로워진 경우가 아닌 한, 낙태는 위법이다. 한국에서도 낙태는 아직 불법이다. 2009년 말 한국 정부는 출산율 저하에 대한 우려 때문에 낙태죄를 엄

아프리카 국가와 유럽의 법률

유럽인이 식민지화하기 전까지, 아프리카는 일반적으로 낙태를 사적인 문제로 치부했다. 그리고 전통적인 낙태 서비스 제공자들이 낙태를 담당했다. 아프리카의 거의 모든 국가에서 낙태 금지법은 식민주의의 유산이다. 아프리카 대륙을 점령한 유럽의 정부가 낙태 금지법을 통과시켰다는 말이다. 이런 법률의 많은 잔재가 현재도 존재하고 있으며, 수백만 여성에게 막대한 고통을 유발하고 있다. 한 예로, 1861년 영국이 낙태를 불법화하는 법을 통과시킨 시에라리온에서는 지금까지도 이 법이 유효하다. 역시 영국령이었던 나이지리아에서는 임산부의 생명을 구하는 데 필요하다고 여겨지는 경우가 아닌 한 낙태를 범죄로 보고 낙태 여성과 낙태 시술자 모두에게 징역형을 선고한다.

사람들은 낙태를 금지하거나 고강도로 제한하는 법률이 낙태율을 낮춰줄 것으로 생각한다. 하지만 전혀 그렇지 않음을 말해주는 분명한 증거들이 있다. 사실은 정반대다. 낙태를 불법화한 국가의 낙태율은 실제 낙태가 자유로운 국가보다 약간 더 높다. 놀랍게도, 낙태를 금지하거나 제한하는 국가 대부분은 여성의 피임법 이용도 제한한다. 개발도상국에서는 약 200만 명이 현대적 피임약을 원하지만 구할 수 없다. 낙태율은 여성이 원치 않는 임신을 막을 수 없을 때 언제나 더 높다.

격하게 적용하기로 했지만, 여전히 낙태는 흔하게 이루어지고 있다(2019년 4월 헌법재판소의 헌법불합치 결정 이후 대체입법이 만들어지지 않아 낙태 여성과 의사를 처벌하는 조항이 삭제되고, 2021년 1월 1일부로 낙태죄는 사라졌다-옮긴이). 어떤 여성은 낙태를 위해 다른 나라로 가기도 한다. 그러나 대부분은 수천 달러에 달하는 이동 경비와 의료비를 감당할 여력이 없다.

SPEAKING 직설

오늘날 불안전한 낙태는 대체로 개발도상국 여성에게 영향을 미친다. 이들은 가장 가난하고 소외된 여성들이다. 정의와 불평등이라는 실제적 문제가 있는 것이다. 빈곤국 여성이 임신을 종결하려면 엄청난 위험에 직면한다. -프랑스와즈 지라드, '국제여성건강연합회' 회장

1998년부터 '생식권 센터'는 세계 낙태법 지도를 만들고 있다. 이 지도는 낙태의 전 세계적인 법적 위치를 보여주며 정기적으로 업데이트되고 상호적 특징을 갖고 있다. www.worldabortionlaws.com에서 이 지도를 볼 수 있다.

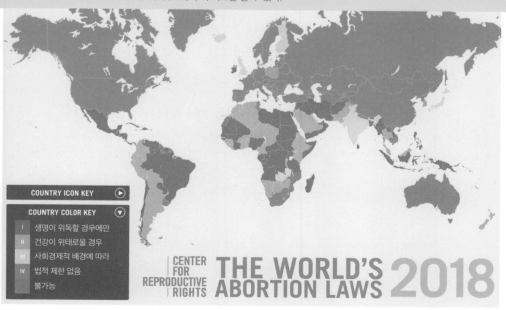

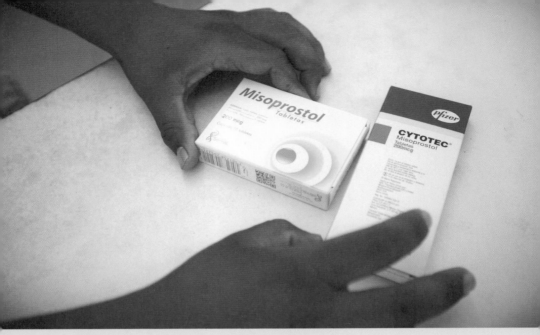

미소프로스톨과 똑같은 약이지만 유명 제약회사 상표가 붙은 사이토텍. 멕시코 약국에서 판매되고 있다.
미소프로스톨은 위궤양 치료제인데 낙태 유도에도 이용된다.

모두 너무 심각한 문제가 아닌가 싶겠지만 강력한 변화의 움직임
도 전 세계적으로 커지고 있다. 2015년 유엔은 가난을 종식하고 지구
를 보호하기 위한 목표에 합의했다.* 이 목표들은 지속 가능한 발전을
위한 국제적 의제의 한 부분을 이룬다. 전 세계 활동가들과 함께 작
업하는 '국제여성건강연합회'는 생식권도 확실하게 이 의제의 하나
로 만들자고 결의했다. "우리는 아주 열심히 투쟁해야 했습니다. 하
지만 매년 47,000명의 여성이 죽어가고 있어요. 그래서 우리는 싸웠
고 생식권도 그 목표 안에 집어넣었습니다." '국제여성건강연합회'
회장 프랑스와즈 지라드는 이렇게 말했다.

구체적인 난관은 나라마다 다르지만 사람들이 원하는 것은 분명
하다. 사람들은 자신의 몸과 생식 건강에 대해 정확한 정보를 얻고

---

* 2015년 9월 유엔은 17개 목표와 169개의 세부목표로 이루어진 지속가능발전목표를 합의·발표했다.

싶어 한다. 또 효과적이고 적절한 피임을 통해 원치 않는 임신을 막고 싶어 한다. 더불어 안전하고 합법적인 낙태에 다가갈 수 있기를 바란다. 전 세계의 페미니스트 활동가들은 이 모든 목표를 이루기 위해 열심히 움직이고 있다.

임신 중단 약물

낙태를 둘러싼 전 지구적 문제와 낙태법을 이야기할 때 의학적 유산은 중요한 부분을 차지한다. 어디에 살든 누구나 알약을 구할 수 있기 때문이다. 낙태 클리닉에 갈 수 없는 사람도 낙태를 할 수 있다. 낙태가 불법이거나 규제가 심한 나라, 외딴 지역에 거주하는 사람들이 그런 예다.

미페프리스톤과 미소프로스톨은 현재 세계보건기구 필수 의약품 목록에 들어 있다. 낙태가 불법인 나라에서는 대부분 지역 활동가들이 여성에게 낙태용 알약에 대한 인식을 높이고 이 약을 구하는 방법을 알려주기 위해 활발히 활동한다. 이 약은 지역 약국에서 다른 다양한 질환의 치료제로도 판매되고 있다. 아니면 안전하고 믿을 만한 구입처에서 온라인으로 구매할 수도 있다.

미국의 정책이 세계를 좌우한다

트럼프-펜스 행정부는 미국을 포함한 전 세계 여성의 삶과 건강에 파괴적인 영향을 미쳤다. 도널드 트럼프가 대통령에 취임하고 처음 한 일의 하나는 '국제 금지 규정'을 되살리라는 행정 명령을 내린 것이다. 이 정책에 따르면, 미국 정부의 지원을 받는 해외 비정부기구 (NGOs)는 낙태 서비스와 낙태 상담, 낙태 서비스를 받도록 환자를 이관하는 일, 자국의 낙태법 개정 운동 등을 할 수 없다. 멕시코시티 정책으로도 알려진 이 반낙태 정책은 1984년 공화당 행정부가 발의했다. 이후 민주당 대통령이 폐기했는데 공화당 대통령이 다시 되살렸다. 그런데 트럼프는 단순히 정책을 되살리는 수준을 넘어 확장하기까지 했다. 국제 보건 전문가들은 이런 결정으로 치명적 결과가 나타나리라고 말한다.

멕시코시티 정책은 문제투성이의 어처구니없는 정책이다. 여성의 선택권을 외면하고 낙태 접근성을 낮추려는 자들이 이 정책을 옹호해왔다. 그런데 이 정책 때문에 오히려 낙태 서비스에 대한 수요가 가파르게 증가하고 있다. 의도하지 않은 임신을 막을 수 있는 능력을 빼앗아버렸기 때문이다.
—사라 쇼, '마리 스톱스 인터내셔널'

이전의 정책은 가족계획을 담당하는 기관에만 적용되었다. 피임 정보와 방법을 제공함으로써, 아이를 낳을 것인지, 낳는다면 언제 낳을지를 결정하도록 돕는 기관들이 대상이었고, 관련 기금은 한 해 6억 달러에 달했다. 그런데 전 세계 개발도상국에는 다른 의료 서비스를 폭넓게 제공하는 기관이 많으며, 이들도 미국 정부의 지원금을 받는다. 미국은 매년 약 90억 달러의 세계 보건 지원금을 제공한다. 이 돈은 가족계획과 생식 건강 프로그램뿐만 아니라, 아이들의 건강과 영양을 위한 프로그램, 에이즈와 말라리아, 결핵, 다른 전염성 질병을 예방하고 치료하는 프로그램, 심지어는 식수의 안전을 보장하기 위한 프로그램에도 쓰인다. 그런데 트럼프의 확장된 금지 규정 때문에

하이드 수정안으로 로우가 가난한 미국인에게 공허한 약속을 한 꼴이
돼버렸다면* 멕시코시티 정책은 해외에서까지 이런 상황을 불러일으켰다.

여러분은 미국 정부가 자국민에게 보장하는 권리를 국제적으로도 제공하고 싶어 한다고 생각할지 모른다.
하지만 멕시코시티 정책은 정확히 그 반대임을 보여준다.

'국제 금지 규정'으로도 알려진 이 정책은 레이건 정부 이래 모든 공화당 대통령 집권하에서 존재해왔다.

트럼프-펜스 행정부의 미국은 다른 나라에서 '가족계획을 위해 낙태를 적극 권장하거나 낙태 서비스를 해주는
비정부 기구들'에 어떤 국제 의료기금도 제공하지 않았다(과거에는 국제 가족계획 기금에만 지급하지 않았다).

* '로우 대 웨이드 사건'에서 로우 쪽이 승리함으로써 낙태권이 미국에서 처음으로 인정되었다.
  그러나 이후 하이드 수정안으로 인해 많은 미국 여성들이 높은 비용 때문에 낙태를 못하게 되었다.

이 모든 프로그램이 차질을 빚게 되었다.

클리닉 중에는 재정 지원이 끊겨 문 닫는 곳들이 생겨날 것이다. 한편 다른 필수적 서비스를 계속 제공하기 위해 안전한 낙태를 위한 사업을 포기하고 어쩔 수 없이 금지 규정을 받아들이는 곳도 있을 것이다. 이로써 의도하지 않은 임신과 불안전한 낙태는 더욱더 늘어날 것이다. 단적인 예로, 금지 규정이 시행된 2001년에서 2008년 사이 이 정책에 가장 영향을 받은 아프리카 국가들에서는 낙태가 2배 이상이나 늘었다.

새로운 금지 규정의 시행으로 인해, 가장 약한 여성과 소녀들이 정보를 얻고 자신의 몸과 건강, 삶과 관련된 문제를 스스로 선택할 수 있는 능력은 더욱 축소될 것이다. 미국 반낙태 운동가들의 로비 결과인 이 정책은 전 세계 수천 명의 여성과 소녀들의 목숨을 매년 앗아갈 것이다.

'국제 금지 규정'이 시행되던 2000년대 초, 나는 난민 건강 센터에서 자원봉사자로 일했다. 우리는 낙태 서비스를 제공할 수 없었고 결국 여성들은 스스로 낙태할 수밖에 없었다. 그들은 상처를 입은 채 피를 흘리며 센터를 찾아왔다. 그때 난 낙태를 금지해선 안 된다는 것을 절실히 깨달았다. '국제 금지 규정'은 결국 안전한 낙태를 금지할 뿐이다.
–아드리안 이오인 에드가 박사,
'클리닉 554', 캐나다

용기 있는 거부

17년 전 파데케미 아킨파데린-아가라우(이하 '케미'라고 서술함)는 뉴욕시 컬럼비아 대학교에서 인체면역결핍바이러스(HIV)가 일으키는 전염병을 연구했다. 그녀는 이 병이 모국인 나이지리아에 미치는 영향이 궁금해 나이지리아로 돌아가 보기로 했다. 한편으론 젊은이들이 성교육을 어떻게 받고 있는지도 궁금했다. 원래 2년간 나이지리아에

체류할 계획이었는데 자신보다 몇 살밖에 어리지 않은 수백 명의 청소년과 함께하면서 이 일에 열정이 생겼다.

"친구들이 많이 생겼어요. 이 일이 아주 중요하고, 아주 격차가 크며, 성교육 시스템이 제대로 구축되어 있지 않다는 것도 알게 됐고요. 이런 문제들을 꼭 해결해야겠다고 다짐했습니다. 전 의대를 졸업할 생각을 포기하고, 컬럼비아로 돌아가 2년 과정의 공중보건 학위를 받았어요. 그 후에는 기다릴 새도 없이 곧장 비행기를 타고 돌아왔죠."

2017년 3월 국제 여성의 날 트럼프의 국제 금지 규정에 항의 중인 시위자들. 이날 전 세계에서 약 200만 명이 거리로 나와 전 지구적 결속을 보여주며 여성에 대한 폭력과 지속적인 불평등에 항의했다.

'백신으로서의 교육' 상담자는 나이지리아 전역의 젊은이들에게 전화 상담과 더불어
성과 생식 건강에 필요한 정보를 제공해준다.

케미는 친구 한 명과 조직을 결성했다. 명칭은 '에이즈 퇴치 백신
교육'이었다. 이 조직은 곧 영역을 확장해 성과 생식 건강, 십 대 임
신, 안전한 낙태를 위한 정보를 제공하게 되었다. 그래서 조직의 이
름도 '백신으로서의 교육(EVA)'으로 바꾸었다. 케미와 친구는 사람들
을 훈련하고 지원해서 둘이 제공해온 정보들을 알려주었다. 한편 더
욱 큰 영향력을 행사하고픈 마음에 정책과 지지 운동에도 초점을 맞
추기 시작했다.

그들은 기술의 힘을 활용해서 '나의 질문 서비스'도 시작했다. 케
미는 이렇게 설명했다. "무료 핫라인을 개설해 젊은이들이 사무실 상
담원과 대화를 나누게 했어요. 우리 사무실에는 5명의 상담원이 있는
데 모두 다양한 나이지리아어를 구사할 수 있어요(나이지리아는 영어가
공용어지만 250여 개의 부족이 서로 다른 고유의 언어도 갖고 있다-옮긴이).

문자 메시지나 이메일로도 질문을 받고요." 그들은 또 십 대에게 성
건강을 가르치고 서비스에 접근할 수 있는 모바일 앱도 만들었다. 그
리고 피임에 도움이 되는 가이드라인도 제시하고 있다. 그뿐만 아니

날리우드에서 묘사하는 낙태

나이지리아의 영화 산업은 한창 호황을 누리고 있다. 그래서 흔히 날리우드^{Nollywood}라
고 부른다. 실제로 날리우드는 미국의 할리우드 다음으로 세계에서 두 번째로 큰 시장이
며 인도의 발리우드^{Bollywood}가 그 뒤를 잇고 있다. 아프리카 전역에서 상영되는 영화는
대부분 날리우드 영화인데, 불행하게도 영화 속 낙태 여성은 비도덕적인 나쁜 여자로 묘
사된다. 이런 여성들은 보통 죽거나 끔찍한 상처를 입어 아이를 가질 수 없다. 낙태는 극
도로 위험한 일로 그려진다. 이런 묘사는 아프리카 전역에서 많은 사람의 생각에 영향을
미치고 있다.

케미는 이렇게 말했다. "영화 산업은 여론을 움직이는 데 막대한 영향력을 행사하죠. 낙
태에 대한 뻔뻔한 거짓말과 오해를 만들어내기도 하고요. 낙태가 사실은 안전하다는 것
을 깨달으면, 사람들은 금지 규정들의 자유화를 지지하게 될 겁니다. 하지만 위험한 것
으로 여기기 때문에 흔히 이렇게 말하죠. '목숨을 앗아가는 행위를 왜 지지해야 하죠?'"

영화 세트장의 배우와 스태프들. 날리우드는 연간 1,500편 이상의 영화를
제작해낸다. 할리우드보다 훨씬 많다.

라 원치 않은 임신에 직면한 십 대에게 정보도 제공함으로써 안전하지 못한 낙태의 합병증을 방지할 수 있게 돕고 있다. 나이지리아에서는 이런 합병증이 산모 사망의 주요 원인 중 하나이기 때문이다.

2016년 '백신으로서의 교육'은 미국의 단체와 협력할 기회를 얻었다. "막대한, 수백만 달러가 걸려 있었어요. 그런 제안을 받기는 처음이었죠. 일이 잘됐다면 우리의 영향력과 힘도 훨씬 커졌을 겁니다. 임금과 간접비용도 더 많이 생겼을 거고요. 우리가 할 수 있는 서비스도 확장해서, 전화선과 공동체 작업으로 더욱더 많은 젊은이에게 다가갈 수 있었을 거예요. 에이즈 관련 서비스와 치료를 받도록 돕는 일도 더 확장되었을 거고요."

그런데 그때 트럼프가 확장된 형태의 국제 금지 규정에 서명했다. 미국의 지원금을 받으면 임신한 소녀나 여성에게 그들의 선택지에 대해 더는 말해줄 수 없음을 의미했다. 십 대 청소년이 전화해서 낙태에 관해 물으면, 아마 이렇게 대답해야만 할 터였다. "그 문제에 관해서는 이야기해줄 수 없습니다." 요컨대 소녀들에게 직접 도움을 줄 수도 없고, 나이지리아 정부의 입법자들에게 생식 건강 문제와 관련해 로비할 수도 없게 되는 것이다. 또 안전한 낙태의 가능성을 높이기 위해 일하는 다른 단체도 지지해줄 수 없을 것이다. 결국 생명을 구하는 작업을 지속하려면, 미국이 지원하는 모든 국제 기금을 거부해야 했다.

"우리는 의식을 갖고 결정을 내려야 했어요. 결정하기가 정말 어려웠습니다." 케미가 말했다. "하지만 그건 원칙과 가치의 문제였지요. 우리는 권리를 믿는 단체고요." 그래서 '백신으로서의 교육'은 제안을 거부했다. 억압을 거부한 것이다.

사비타의 사망 3주 후, 1만 명도 넘는 사람들이 더블린 집회에 참여했다. 사비타의 아버지는 공개 연설에서 아일랜드 정부를 향해 낙태에 관한 법률을 개정하라고 촉구했다.

아일랜드의 낙태권 투쟁

1983년 아일랜드는 수정헌법 8조를 추가했다. 이 조항에 따르면 어머니처럼 태아에게도 생명권이 있으며 아일랜드 법은 이 권리를 보호해야 한다. 이후 수십 년 동안 낙태가 금지되었다. 이로 인해 매년 수많은 아일랜드 여성이 해외로 나가서 낙태했다. 이들의 대다수가 향한 곳은 영국이었다. 2016년 영국에서 낙태 서비스를 받은 여성 중 3,265명은 주소가 아일랜드로 돼 있었다.

'낙태 지원 네트워크' 같은 단체는 유익한 도움을 준다. 이 단체는 주로 자원봉사

오늘날 아일랜드 사회에서 수정헌법 8조를 모르는 젊은이는 없을 것이다. 도심을 걷다 보면, 벽에는 스프레이로 '폐지'라는 글씨가, 가로등 기둥에는 낙태 합법화 찬성 스티커가 붙어 있다.
–메간 브래디,
'낙태 합법화를 찬성하는 학생들'의 공동 창립자이자 활동가

자들에 의해 운영되고 개인의 기부로 유지되었다. 또 정보와 경제적 지원, 낙태를 위해 영국까지 가야 하는 아일랜드 여성에게 숙박시설도 제공했다.

2012년 사비타 할라파나바의 죽음은 전국적으로 화제가 되었다. 31살의 치과 의사 사비타는 임신 17주가 되던 때에 입원했다가 태아가 잘못됐음을 발견했다. 그녀는 통증이 심해서 낙태를 원했지만 태아의 심장은 여전히 뛰고 있었다. 아일랜드 법상 이 경우에는 낙태할 수 없었다. 결국 사비타는 패혈증에 걸렸고 치명적인 이 합병증으로 결국 병원에서 사망한다.

전문가들은 그녀가 요청했을 때 낙태했다면 생명을 잃지 않았을 거라고 증언했다. 사비타의 죽음으로 분노가 확산됐고 아일랜드의 낙태법을 개정해야 한다는 목소리가 커졌다. 아일랜드에서 낙태를 합법화하기 위한 이 운동은 '8조 폐지' 운동이라고도 불린다.

수정헌법 8조가 제출됐을 당시, 가톨릭 단체들의 막강한 로비 후 유권자의 약 70%가 이 수정헌법을 지지했다. 그러나 80년대 초부터 아일랜드 사회가 엄청나게 바뀌면서 가톨릭교회의 영향력은 약화되고, 특히 젊은이들은 사회 변화에 앞장섰다. 2015년에는 동성결혼에 압도적 지지표를 던지기도 했다. 아일랜드 공화국의 낙태권 운동도 급속히 성장했다. 2012년에 열린 '낙태 합법화를 위한 행진'에는 3,000명이 참가했는데 2016년에는 참여 인원이 20,000명도 넘었다.

압력이 커지자 정부가 반응했다. 2018년 5월 25일, 아일랜드는 수정헌법 8조의 폐지 여부를 놓고 국민투표를 실시했다. 결과는 낙태권

'투표를 위한 귀국 운동'을 보여주는 상징적인 사진. 하지만 사실 이것은 투표 2년 전의 사진으로, 런던의 주영 아일랜드 대사관 앞에서 벌어진 시위 장면을 담은 것이다. 시위자의 수트케이스는 낙태를 위해 아일랜드에서 영국까지 이동해야 했던 수천 명의 여성을 상징한다.

옹호론자들의 결정적인 승리였다. 2/3가 폐지를 찬성했다. 전 세계의 아일랜드 시민들이 속속 본국으로 날아와 투표했다. 23살 아우제 아델라-브레이크도 투표를 위해 케냐의 나이로비에서 12시간의 비행을 감수했다. 그는 이렇게 말했다. "분명하게 한 획을 그은 세대로 역사가 우리를 기억해주기 바랍니다. 수 세기 동안의 수치심과 종교적 죄의식을 우리가 마침내 없애버렸으니까요."

이 투표로 수정헌법 8조가 폐지되면서 정부가 새로운 법안을 만들 수 있는 길이 트였다. 이 새로운 법안에 따르면, 아일랜드에서도 임신 후 처음 3달 동안은 낙태가 허용된다. 아일랜드에서 생식권을 위해 싸워온 사람들에게는 엄청난 승리였다. 이 결과는 전 세계에 파문을 불러올 것이다. '폐지 찬성을 위한 연합 운동'의 그레이니 그리

핀은 이렇게 말했다. "전 세계 많은 나라에서 비슷한 변화를 위해 노력 중인 사람들에게 희망의 횃불을 밝혀주었다고 생각합니다."

실제로 이웃한 북아일랜드(낙태를 여전히 범죄시하는 영국 내 유일한 지역)에서 낙태 합법화를 주장하는 이들은 자신들도 뒤처지지 않으리라 맹세하고 있다. 또 폴란드의 '바르샤바 낙태 드림팀'의 나탈리아 브로니아치크는 이렇게 말했다. "폴란드의 여권과 관련된 사회 운동이 아일랜드의 투표 결과로 희망을 품을 겁니다." 아르헨티나 같은 가톨릭국가들에 아일랜드의 국민투표는 변화 가능성을 보여주는 징표다.

국민투표 다음 날, 아일랜드의 총리 레오 바라드카는 이 투표는 조용한 혁명의 정점이었다고 말했다. "더는 의사가 환자에게 이 나라에서는 해줄 수 있는 게 없다고 말하지 않아도 되게 되었습니다. 이제는 아이리시해Irish Sea를 건너 외로운 여행을 하지 않아도 됩니다. 더는 상처를 남기지 않게 되었습니다. 비밀의 베일도 걷혔고, 더는 소외도 겪지 않게 되었습니다. 수치심이라는 짐도 사라졌어요."

사비타의 아버지 안다나파 얄라기도 감회를 밝혔다. "사비타를 위해 정의를 실현했습니다. 이제는 다른 어떤 가족도 내 딸에게 일어난 일을 겪지 않을 겁니다."

아일랜드의 젊은 활동가들

아일랜드 더블린에서 낙태 합법화 투쟁에 참여하고 있는 젊은 활동가 셋을 만났다. 메간 브래디(가운데)와 친구 조디 도일(왼쪽)과 니암 스컬리(오른쪽)이다. 이들은 고등학생이며 '낙태 합법화를 찬성하는 학생들'의 공동창립자이자 회원이다.

메간은 13살에 수정헌법 8조를 알게 된 후 학생들과 함께 낙태 합법화를 위한 행진에 참여했다. 몇 년 후 더 깊이 발을 들이면서 생식권을 옹호하고 억압과 성차별, 금욕에 반대하는 '로사ROSA'라는 페미니스트 활동 단체에 가입했다. 그리고 '로사' 활동에서 영감을 얻어 친구들과 '낙태 합법화를 찬성하는 학생들'을 설립했다. 이 단체는 학생 시위를 주최하며, 낙태 합법화를 위한 공원 피크닉 같은 온건한 활동도 한다. 이를 통해 학생들에게 수정헌법 8조의 폐지 운동에 대해 가르쳤다.

조디 역시 '로사' 모임을 계기로 이 일에 가담했다. 그녀는 이렇게 덧붙였다. "저의 진정한 첫 '참여'는 그냥 배지나 단추를 사는 일이었던 것 같아요. 젊은 활동가에게는 이런 작은 참여가 지금도 아주 중요하죠. 그들의 의견을 기꺼이 받아들이고 자랑스러워한다는 점을 보여주는 일이니까요!"

이 세 활동가는 '낙태 합법화를 찬성하는 학생들'의 회원들과 행사에서 공개적으로 연설하고, 모임과 시위에 참석하고, 청원하고, 엽서 캠페인을

벌이며 '폐지를 위한 밤'이라는 행사도 열었다. 이 행사에는 시인과 음악가들이 참가해서 페미니즘과 생식권에 대한 작품들을 보여주었다. 이들은 다른 형태의 활동도 하는데, 온라인과 대면 대화를 통해서 그들이 낙태권을 지지하는 이유를 설명해주는 것이다.

"개인적으로 다른 사람들의 말에 귀 기울이는 것이 우리가 모두 앞으로 나아갈 수 있는 유일한 길이라고 생각해요. 아무리 들어주기 힘든 의견이라 해도 그래야 합니다. 우선 낙태권을 반대하는 사람들이 왜 그러는지를 제대로 이해해야만, 몸의 충분한 자율성이 얼마나 중요한지를 충분히 이해시킬 수 있어요." 니암의 말이다.

그들은 더욱 분명하고 가시적인 시위의 역할도 이해하고 있었다. "사람들이 우리 주장을 귀 기울여 듣게 만들려면 때로는 목소리를 높여야 해요." 니암의 말에 조디도 동감한다며 이렇게 덧붙였다. "그냥 나가서 무언가를 하는 겁니다. 두려워하지 말고, 할 수 있는 한 크게 목소리를 내는 거예요!"

2018년 3월 25일에 실시된 역사적인 국민투표는 이 활동가들에겐 기회였다. 이들은 이 기회를 향해 3년간 열심히 움직였다. 메간은 이렇게 말했다. "투표날, 많은 사람에게 미친 듯이 연락했어요. 사람들이 투표를 꼭 하도록 만들려고요. 출구 조사 결과를 보는 순간 제 기분이 어땠는지 말로 표현하기가 힘드네요. 놀라움 자체였어요. 다음 날 이 승리를 위해 우리가 했던 모든 일과 아일랜드가 자랑스럽다는 느낌이 들었어요. 그 압도적인 찬성표는 아주 오랫동안 이 나라를 단단히 장악했던 가톨릭교회의 후진적 사고를 아일랜드 국민이 더는 지지하지 않는다는 점을 입증해줬으니까요. 이 승리 덕분에 희망을 품게 됐어요. 아일랜드인들이 싸움을 계속해서 결국은 진보적이고 온정적인 나라로 만들리라는 희망이요."

메간과 니암, 조디는 새로운 법이 빨리 제정돼 낙태를 원하는 사람들 누구나 합법적으로 낙태할 수 있기를 바란다. 하지만 이들 모두 아직 몇몇의 장애물이 남아 있음을 알고 있었다. 낙태를 둘러싼 오명과 교회의 위력, 수정헌법 폐지 후에도 지배적인 가톨릭 병원들이 낙태 서비스 제공을 꺼릴지 모른다는 가능성이 그것이다. 이에 대해 메간은 이렇게 말했다. "몇 가지 강력한 장애물이 나타날 겁니다. 하지만 폐지를 위해 싸운 그 어마어마한 사람들도 맥없이 사라지진 않을 거예요. 저는 우리가 계속 압박을 가할 거라고 믿어요. 이 싸움은 결코 끝난 게 아니거든요. 폐지를 원했던 그 모든 용감한 사람들은 싸움을 계속할 각오가 돼 있어요."

2016년 10월, 폴란드의 크라쿠프.
폴란드의 낙태 전면 금지에
항의하기 위해 전국적인 여성 시위에
참여한 시위자

폴란드의 여성 시위

1993년까지 폴란드에서 낙태는 합법이었다. 그런데 1993년 가톨릭교회가 반퍼밈과 반낙태 의제를 정치의 주류에 밀어넣는 데 성공한 지 얼마 지나지 않아 유럽에서 가장 제한적인 낙태법이 제정됐다. 2016년 정부는 낙태를 전면 금지하는 새로운 법을 고려하기 시작했다. 이 법안에는 낙태하는 사람은 물론, 낙태를 돕는 의사까지 모두 징역형을 선고하는 것도 포함되어 있었다.

의사들은 이 법으로 인해 양수 검사 같은 표준적 태아기 검사도 하기 힘들어질 것이라고 경고했다. 양수 검사는 유산을 불러올 위험성이 얼마간 존재해서다. 또 자간전증(임신 후기에 일어날 수 있는 임신 중독증의 하나로, 혈압이 위험할 정도로 치솟는 증상을 보인다) 같은 병에 걸린 임산부는 태아와 함께 사망할 수도 있다. 표준적인 구명 프로토콜에 따라 제왕절개로 태아를 꺼내는 의사는 이 미숙아가 생존하지 못할 경우 징역형을 살 수도 있기 때문이다.

폴란드의 여성들은 항의 시위를 하기로 했다. 약 30,000명의 여성이 검은 옷을 입고 수도 바르샤바 거리를 행진했다. 검은 옷은 잃어버린 생식권에 대한 애도를 상징했다. 그들은 1975년 아일랜드 여성들의 시위에 영감을 받아 출근과 등교를 거부했다. 60개 이상의 도시에서 시위가 시작되자 유럽 전역의 지지자들이 지지와 연대를 보여주기 위해 시위를 조직했다.

시위는 효과를 발했다. 시위 후 단 3일 만에 정부가 낙태 금지 법안을 철회한 것이다. 또 여론 조사 결과, 낙태 금지에 대한 대중의 여론도 시위로 인해 바뀐 것으로 나타났다. 정부의 금지 법안을 강력히

폴란드 바르샤바에서도 정부의 낙태 전면 금지 법안에 항의하기 위해 전국적인 여성 시위가 일어났다.

반대할 뿐만 아니라, 기존의 낙태법을 완화해야 한다는 주장을 지지하는 목소리가 높아진 것이다. 시위에 참여했던 알렉산드라 보다르체크는 이렇게 말했다. "예전의 반정부 시위 때는 우리의 부모 세대가 거리에 나섰었죠. 이번에는 분노한 젊은이들을 그들이 집결시켰어요."

"모든 건
그린피스에서 일할 때
시작됐어요.
저는 낙태가 불법인 나라들에서
그린피스 소속 선박의 의사였죠.
당시 많은 여성이 심각한 출혈이나
쇼크 상태로 실려 왔습니다.
불법 낙태 때문에요.
여성들이 죽어간다는 사실과 법 사이에
관련이 있다는 걸 깨달았어요.
그런 일이 계속되도록
방관할 수는 없었습니다."
—레베카 곰퍼츠, '위민 온 웨이브즈'의
창설자이자 책임자. 다큐멘터리 영화
〈파도 위의 여성들Vessel〉

2004년 '위민 온 웨이브즈'는 본디엡 호를 전세 내 포르투갈로 향했다. 그러나 포르투갈 정부는 안보에 위협이 된다며 영해 진입을 금지했다.

위민 온 웨이브즈

많은 국가에서 낙태는 불법이다. 하지만 어떤 정부도 낙태를 불법으로 처벌할 수 없는 영역이 있는데, 바로 공해公海가 그러하다. 공해는 국가의 해안선에서 12해리(22.2킬로미터/13.8마일) 되는 지점에서부터 시작된다. 공해에 있는 선박에는 그 배가 속한 나라의 법이 적용된다. 그래서 레베카 곰퍼츠의 네덜란드 국적 선박에서는 낙태가 합법이다.

'위민 온 웨이브즈Women on Waves'의 창설자이자 책임자인 레베카는 의사이자 화가, 작가, 네덜란드의 여권 활동가로서, 낙태권을 옹호하고 전 세계 여성들이 안전한 낙태를 받도록 돕는 데 헌신해왔다.

'위민 온 웨이브즈'는 제한적 낙태법을 시행하는 나라들을 찾아간다. 지금까지 아일랜드와 폴란드, 포르투갈, 스페인, 모로코, 멕시코,

과테말라를 방문했다. 그들은 지역 단체들과 협력해서, 임신 종결을 희망하는 여성들을 배로 초대한다. 그런 다음 연안을 떠나 공해로 나아가 여성들이 낙태약을 복용하게 해준다.

이처럼 배에 탈 수 있는 여성은 직접 돕기도 하지만 다른 방식도 있다. 낙태가 불법이거나 금기인 나라의 항구에 도착하면 매스컴의 관심이 어마어마하게 촉발된다. 이런 관심은 낙태에 대한 오명을 깨부수고, 낙태를 보통의 안전한 절차로 정상화하고, 낙태에 대한 대화를 촉진하는 데 도움이 된다. 때로는 이로 인해 극적인 변화가 일어나기도 한다. 포르투갈에서의 사건은 이런 전략의 효력을 입증해준다.

15년 전만 해도 많은 포르투갈 여성들은 제한적 낙태법으로 고통받았다. 매년 불법 낙태가 20,000건 넘게 행해졌으며 약 5,000명의 여성이 합병증으로 입원했다. 이따금 목숨을 잃는 여성들도 있었다. 거기다 많은 여성이 불법 낙태로 고소를 당했다. 2004년 8월, '위민 온 웨이브즈'는 지역 단체의 초청을 받아 포르투갈로 향했다. 그런데 포르투갈 정부는 이 배가 영해에 들어오는 것을 금지했다. 선박이 공해에서 대기하는 동안, 포르투갈의 국방부 장관은 국가 안보를 심각하게 위협한다며 전함 두 척을 보내 이 배를 감시했다.

입항이 불허되자 '위민 온 웨이브즈'는 여성을 도울 다른 방법을 생각해냈다. 낙태약인 미소프로스톨은 포르투갈의 약국에서도 구매할 수 있었는데, 이것이 위궤양을 예방하고 관절염을 치료하는 데도 사용되었기 때문이다. 레베카는 포르투갈의 텔레비전에 출연해 미소프로스톨을 구매해서 원치 않는 임신을 종결지을 수 있는 방법을 설명했다. '위민 온 웨이브즈'의 웹사이트에 미소프로스톨의 안전한 복용법을 게재하겠다는 이야기도 덧붙였다. 그러자 수많은 여성이 이

인도네시아 욕야카르타에서 열린 플래시몹. 130명도 넘게 참가한 이 행사를 통해 안전한 낙태를 위한 상담 전화번호가 공개됐다. 이 전화는 안전한 임신 종결을 위한 낙태약 구매와 사용법 정보를 제공한다.

단체에 연락해서 약을 요청했다. 지금도 미소프로스톨 관련 페이지는 방문자가 가장 많은 페이지로 남아 있다.

근해에 멈춰 있던 몇 주 동안 '위민 온 웨이브즈'는 텔레비전으로 장시간 보도되었다. 뿐만 아니라 포르투갈에서만 700편 이상의 신문 기사가 쏟아졌다. 이로써 낙태 문제는 국가적 의제로 부상했다. 이 배와 승무원들은 2004년 9월에 네덜란드로 돌아갔지만 같은 달 말 실시된 여론 조사 결과, 포르투갈인의 약 80%가 낙태법을 놓고 국민투표를 해야 한다고 생각했다. 또 60%는 낙태를 처벌 대상에서 제외해야 한다고 했다. 이렇게 터져 나온 지지는 무시할 수 없을 만큼 막강했다.

2007년 투표 결과, 대다수 사람들이 합법적인 낙태에 호의적인 것으로 나타났다. 결국 정부는 법을 개정하여 임신 후 처음 10주간의 낙태를 합법화했다.

2015년 '위민 온 웨이브즈'는 배가 아닌 드론으로 운동을 펼쳤다. 이들의 드론은 임신 중단 약물을 국경 너머로 실어 날랐다. 독일에서 비행을 시작한 드론은 오데르강을 건너 폴란드 스우비체에 착륙했다. 드론이 전한 약은 2명의 폴란드 여성이 복용했다. 2016년에는 아일랜드 공화국에서 날아올라 북아일랜드로 들어갔다. 이 비행은 양국 여성들 간의 연대로 이루어진 것이었다.

아일랜드 공화국에서 북아일랜드로 임신 중단 약을 배달하는 낙태 드론. 드론 착륙 후 여성 2명이 약을 복용했다.

'위민 온 웨이브즈'는 원격 조종되는 쾌속정을 이용해서 아일랜드의 여성들에게 더 많은 알약을 보냈다. 2018년 5월 아일랜드 국민투표가 시행된 며칠 후, 암스테르담에서 조종하는 낙태 로봇은 북아일랜드 벨파스트에 알약을 배달했다.

'위민 온 웨이브즈'는 칠레와 페루, 베네수엘라, 아르헨티나, 파키스탄, 인도네시아, 케냐, 타이, 폴란드, 모로코를 포함한 많은 나라의 여성 단체나 활동가들과 협업하면서, 안전한 낙태를 위한 상담 전화를 개설하는 일도 지원했다. 이 상담 전화의 직원은 자원봉사자들로 채워졌으며, 이들은 미소프로스톨을 구해서 임신을 종결하는 방법을 여성들에게 설명해주었다.

'위민 온 웨이브즈'는 안전한 낙태를 위한 스티커도 제공한다. 스티커에는 알약으로 임신을 안전하게 종결할 수 있는 정보들이 적혀 있다. 12개 이상의 언어로 돼 있으며, 웹사이트에서 내려 받아 공공장소에 붙일 수도 있다.

위민 온 웹

'위민 온 웹Women on Web'은 낙태에 관한 질문에 답변과 정보를 제공하는 국제단체다. 이 단체는 여성의 피임과 낙태를 돕기도 한다. 폴란드나 아일랜드 같은 유럽 국가는 물론이고, 남아메리카와 중동, 아프리카, 아시아의 여러 국가 등 전 세계 여성에게 임신 중단 알약을 제공한다.

'위민 온 웹'은 '위민 온 웨이브즈'의 자매단체다. 캐나다의 낙태 서비스 제공자이자 '위민 온 웹'의 이사인 엘렌 위비는 이렇게 말했다. "대중매체와의 모든 인터뷰에서 '위민 온 웨이브즈'는 이렇게 대답했죠. '위민 온 웹'에서 '위민 온 웨이브즈'를 발견할 수 있다고요. 실제로 수천 명의 여성이 우리와 연락해서 낙태에 접근하고 있어요."

이 단체의 모델은 간단하고도 효과적이다. 낙태를 안전하게 합법적으로 할 수 없는 나라의 여성들을 온라인 상담이 가능한 의사에게 소개해준다. 온라인상에서 상담을 통해 의뢰인의 모국어로 일련의 질문에 답변하고 나면 '위민 온 웹'이 알약이 배달되도록 도와준다. 임신 10주 미만의 여성에게는 이런 낙태 알약이 임신을 안전하게 효과적으로 종결할 방법이다.

'위민 온 웹'을 통해 낙태 알약을 구하려는 여성에게는 가능하다면 기부를 해달라고 부탁한다. 하지만 기부를 할 수 없는 여성도 거부하지 않는다. 비용을 지불하고 낙태 알약을 구할 여력이 있는 여성들이 내는 기부금은 가난한 사람들을 위한 알약 비용을 충당하는 데 도움이 된다.

이 웹사이트는 낙태의 상처와 싸울 수 있도록 여성이 자기 경험담을 공유하는 장소도 제공한다. 전 세계에서 공유된 이런 이야기들은 원치 않은 임신과 마주한 여성의 선택과 삶을 이해하게 해준다.

'위민 온 웹'의 스티커는 여러 언어로 서비스되고 있으며 인쇄해서 공공장소에 붙일 수도 있다. 여성에게 온라인으로 낙태 알약을 구하고 의학적 조언을 얻는 방법을 알려주기 위해서다.

또 다른 비영리 단체인 '여성을 돕는 여성들Women Help Women'도 비슷한 형태로 활동하며 전 세계 여성에게 낙태약과 피임약을 제공한다. 이 단체와 '위민 온 웹' 모두 매년 수많은 여성에게 희망과 도움을 제공한다. 불안전한 낙태를 막고, 많은 여성과 소녀들의 생명과 미래의 건강을 지켜준다.

그런데 불행하게도 사기를 치는 곳들이 많다. 절박한 여성을 등쳐먹는 웹사이트도 있어서 낙태약을 보내겠다고 약속하고 돈을 챙긴다. 그러고는 효과가 없거나 위험할 수도 있는 약을 보낸다. 때로는 아예 아무것도 안 보내는 곳도 있다.

터키의 젊은 활동가들

터키 출신의 젊은 활동가 하잘 아타이는 국제단체 '성과 생식권을 위한 청년연합(YCSRR)'의 일원이다. 터키에서 낙태는 합법이다. 그런데 2012년 총리를 포함한 정부 관료들이 노골적으로 낙태 반대를 표명하면서 새로운 반낙태법이 도입될 것이라는 소문이 돌았다.

이에 전국의 여성 단체가 시위를 조직했다. 하지만 기존 법만 달라지지 않았을 뿐, 낙태에 관한 오명은 증가했다. 공공 병원들이 환자를 외면하기 시작하면서 낙태 서비스도 받기가 더욱 어려워졌다. 하잘은 이렇게 말한다. "낙태권에 대한 정부의 공격에 충격을 받았어요. 그리고 깨달았죠. 낙태권이 있어도 우리의 권리를 지키려면 계속 싸워야 한다는 것을요."

하잘은 모로코에서 벌어진 '위민 온 웨이브즈' 운동에 대한 이야기를 듣고는 바로 '위민 온 웹'에 가입했다. 그리고 중동과 북아프리카의 여성을 위한 업무 지원 센터를 설립하기 위해 일했다. "제한적인 자국법에도 굴하지 않고, 미래에 대한 권한을 쟁취하려는 여성들의 결의에 정말 감동했습니다." 하잘의 말이다.

현재 터키의 정치 상황은 녹록치 않다. 많은 인권 운동가들이 체포, 투옥됐거나 위협받고 있다. 2016년 쿠데타 이후로 몇몇 페미니즘 단체와 저널, 신문사도 폐쇄되었다. 수많은 웹사이트들도 차단됐는데, 그중에는 '위민 온 웹'도 있었다. 하잘은 이런 상황을 이렇게 설명한다. "상황은 이렇지만 저는 여전히 미래에 대해 희망적이에요. 과거에 몇 가지 훌륭한 법이 있었고, 현재 단호하게 맞서 싸울 멋진 사람들도 있으니까요. 여전히 희망을 품고 있습니다."

For health, equality,
justice, choice...

REPEAL
THE 8TH!

새로운 리더십 프로그램 '젊은이의 증언'은 특별히 낙태 경험을 공유하고 싶어 하는 젊은이들을 위한 것이다.

그럼에도 여전히 멈출 수 없는

극적인 법적 승리는 전 세계적으로 화제가 되곤 한다. 하지만 많은 국가의 정부는 여전히 낙태를 처벌 대상에서 제외하려 들지 않는다. 또 낙태권에 대한 대화에도 참여하지 않는다. 이런 나라들에서는 막후에서 많은 작업이 진행 중이다.

전 세계 활동가들은 사람들이 낙태 이야기를 꺼리도록 만드는 금기를 극복하고 오명을 줄이기 위해 열심히 활동한다. 성과 생식의 건강과 권리(SRHR)를 이야기하는 공간을 만들고, 이 문제를 의제에 넣도록 페미니스트 단체와 여성 단체, 건강 네트워크들을 독려한다. 또 원치 않은 임신에 직면한 여성을 돕는 지지그룹을 만들고, 교육 운동과 상담 전화 개설을 통해 낙태 알약에 대해 알려준다. 단기적으로 이런 작업은 많은 절박한 여성들을 돕고 생명까지 구해준다. 장기적으로는 낙태에 대한 태도를 변화시켜 낙태 합법화 운동으로 집결할 전국적 운동을 구축하는 데도 도움이 된다.

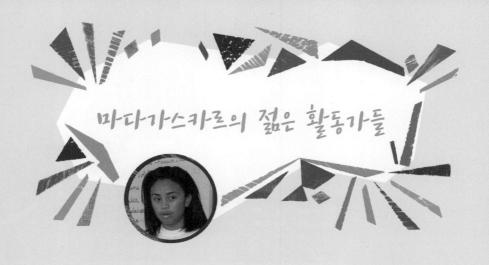

마다가스카르의 젊은 활동가들

로바 안드리아나나 란드리아나솔로는 아프리카 남동부 연안의 섬나라인 마다가스카르에서 성과 생식 건강과 권리(SRHR)를 옹호하는 활동을 한다. 로바는 이렇게 말했다. "우리나라는 대단히 전통적이에요. 성은 금기 주제죠. 마다가스카르 청소년 중에서 성을 이야기하고 정보에 다가갈 수 있는 사람은 별로 많지 않아요."

그러나 어린 청소년으로서 호기심이 많았던 로바는 친구와 도서관엘 갔다. "우리는 성에 관한 책들을 읽고 모든 것을 스스로 배웠어요. 성 정체성과 성관계 등이 무엇인지를 배웠죠. 하지만 피임이나 낙태에 대한 기본 정보는 얻을 수 없었어요." 젊음과 성 문제들을 파악하면서, 그녀는 성과 생식 건강, 그 영역에 적용되는 인권에 더욱 관심을 두게 되었다. "17살이 되자 마다가스카르에 사는 사춘기 청소년과 젊은이들에게 지원이 필요하다는 확신이 생겼어요. 그래서 사촌과 함께 젊은이들이 이끄는 단체를 만들었죠. 마다가스카르의 젊은이들이 정보에 다가가고 자기 권리에 대해 알도록 돕는 단체를요."

로바는 이제 24살이 되었다. 그녀가 창설한 '유스 퍼스트Youth First'는 마다가스카르에서 젊은이들이 주도하는 단체 중 가장 영향력이 큰 단체로 성장했다. 로바는 프로젝트 관리자로 일하면서, 말라가시의 소녀와 여성에

게 힘을 불어넣어주는 리더십 프로그램을 개발했다. 그녀는 인권 문제에도 대단히 열성적이며 모두에게 평등이 중요하다고 믿는다. "저는 어렸을 때 지식을 얻을 기회가 있었어요⋯⋯. 마다가스카르에서 저 같은 젊은이들은 그렇게 많지 않아요. 상처에 취약하므로 생식권은 중요해요. 우리는 성과 생식 건강과 권리에 대한 정보를 포함해서 충분한 교육을 제공해야 합니다. 그래야 자신의 몸에 이로운 결정을 할 수 있어요."

마다가스카르의 고등학교 교육 프로그램에는 성교육이 들어 있지 않다. 그래서 청소년은 친구들에게서 성 관련 정보를 얻는 경향이 있다. 피임법을 이용하기도 쉽지 않아 종종 원치 않은 임신에 직면한다. 그러면 일부는 결혼하는 것 말고 다른 선택의 여지가 없다고 느낀다. 반면 정보와 낙태약을 제공하는 국제단체를 발견해서 지원을 받는 이들도 있다.

로바는 포괄적인 성교육을 옹호한다. "젊은이들이 더 많은 정보를 얻을수록 더 자율적으로 결정을 내릴 수 있어요." 그러나 그녀는 마다가스카르에서의 미래의 낙태권에 대해서는 그리 낙관적이지 않다. "낙태는 현재 불법이고, 앞으로도 오랫동안 불법일 겁니다. 저는 희망을 잃지 않고 있지만 훨씬 오랜 시간이 지나야 이런 상황이 변할 겁니다."

베네수엘라의 젊은 활동가들

라틴아메리카와 카리브해 연안 국가들은 대부분 낙태를 강도 높게 제한하거나 금지한다. 때문에 이 지역에서는 임산부 사망의 최소 10%가 안전하지 않은 낙태로 발생한다. 임신을 종결하는 여성을 감옥에 보내는 베네수엘라에서는 불안전한 낙태가 젊은 여성을 죽음으로 몰고 가는 두 번째 주요 원인이다.

이사벨 페레즈 위츠키는 성과 생식의 건강과 권리를 위해 일하는 베네수엘라의 젊은 활동가다. "낙태를 원하는 사람들을 위해 무언가를 하고 싶다는 생각이 들었어요. 여성에 대해 배운 것들, 여성이 된다는 것이 세계에 의미하는 것, 즉 여성이 된다는 것은 어머니가 되는 것이라는 점을 이 낙태 문제는 적나라하게 캐묻고 있다고 느꼈기 때문이에요. 낙태는 이 강요된 삶의 목적을 깨트리는 것과 같습니다."

2014년 이사벨은 풀뿌리 페미니스트 단체인 '안전한 낙태를 위한 정보 네트워크(RIAS)'에 가입했다. 이 단체는 24시간 전화상담 서비스를 통해 안전한 낙태를 위한 정보를 제공한다. 또 낙태의 오명을 벗기고 낙태권에 대한 대중의 지지를 강화하는 활동도 한다. 이사벨은 안전한 낙태를 위한 상담 서비스 직원으로서 도움을 주고 있다. 그녀는 이렇게 말했다. "여기 일원이 된 덕분에, 많은 여성이 낙태로 인한 무거운 상처로 자신을 어떻게

느끼는지 이해하게 됐어요. 사람들은 보통 낙태했다 하면 아주 충동적일 것으로 생각하죠. 하지만 사실 낙태는 정말 책임 있는 결정입니다. 시간과 용기, 자유의지가 필요한 결정이죠."

이사벨은 전화를 걸어오는 사람에게 먼저 낙태 알약의 사용법을 알려 준다. 그러고는 보통 조사를 위해 몇 가지 질문을 던져도 되는지를 묻는 다. "마지막으로 보통 낙태법안에 대한 의견을 묻습니다. 낙태를 합법화해야 한다고 생각하는지의 여부를 묻는 거죠. 흥미롭게도 응답자의 대부분은 충동적으로 강력하게 아니라고 대답해요. 하지만 몇몇은 잠시 멈춰 다시 생각해보죠……. 상담 전화는 정보를 제공할 뿐만 아니라 고백하고 듣고 분석하는 장이기도 해요. 여성들은 이것을 대단히 고마워합니다. 우리와 함께하는 게 얼마나 고마운지 모른다고 매번 말하죠. 우리가 그들의 말을 귀 기울여 들어주기 때문입니다."

이사벨은 '안전한 낙태를 위한 정보 네트워크' 이후, 어린 산모들을 지원하고 성교육하는 지역 단체에서 인턴으로 근무했다. 그 후에는 '가족계획 시민연합(PLAFAM)'에서 활동했다. 여기서는 성과 생식의 건강과 권리에 참여하도록 젊은이들을 독려하고 또래 교육도 지원한다. 또 젊은이들이 폐해 감축 모델(스스로 결정을 내릴 권리를 지지하는 보살핌 모델)에 기초한 서비스에 다가가도록 돕는다.

"입법 차원에서 의미 있는 변화들은 아직 없지만 중요한 일들이 이루어지고 있죠." 이사벨은 이렇게 말했다. "우리는 모두 취약한 존재이며, 우리 모두에게 무언가 할 말이 있다는 것을 이해할 필요가 있어요. 모두가 자기 목소리를 정당하게 받아들일 수 있는 안전한 공간이 필요합니다. 그런 공간이 없으면, 그것을 위해 싸워야 해요. 그런 공간을 구축해야 합니다. 그리고 그 길은 함께 싸우는 것뿐이에요. 귀 기울이고 연대해서 변화의 한 부분이 돼야 합니다!"

조직적으로,
그리고
여럿이

— 하잘 아타이

#safeabortion
#prochoice
#reproductivefreedom
#IstandwithPlannedParenthood
#Istandyourabortion
#1in3speaks
#shoutyourabortion
#womensrighttochoose
#abortthestigma
#abortolibre
#celebrateabortionprovider
#humanrights

5장

최전선의 사람들, 이야기

캐나다와 미국에서는 여러 해 전부터 낙태가 안전하고 합법적이며 흔하게 이루어진다. 하지만 해결해야 할 문제 또한 여전히 많다. 우선 침묵과 오명이 여전히 낙태 문제를 에워싸고 있어서 사람들은 낙태 경험을 이야기하기 힘들어한다. 또 합법이라 해도 항상 낙태를 받을 수 있는 건 아니다. 많은 사람, 특히 젊은이나 소외된 계층은 보살핌이 필요할 때 장애들에 부딪힌다. 낙태권을 반대하는 정치인이나 로비 단체들은 낙태권 옹호론자들이 이루어놓은 성과들을 약화하려 한다. 그래도 생식권을 위해 헌신하는 사람들은 낙태를 불명예스럽게 여기는 사고방식을 종식하고, 누구나 합법적으로 안전하게 낙태 치료를 받을 수 있는 세상을 만들기 위해 고군분투한다. 이번 장은 그들의 이야기다.

"낙태 자체는 논쟁 대상이 아니다.
낙태가 논란의 대상이 되는 이유는 오로지 안전하지 못한 낙태로 죽거나

상해를 입는다는 사실을 무시하고 이 문제를 다루지 않는 사람들이 있기 때문이다.

이건 수치스러운 일이다. 논쟁해야 할 문제는 바로 이것이다."

—프랑스와즈 지라드, '국제여성건강연합'

낙태가 선택일 수 있는가?

1960년대와 1970~1980년대 내내 페미니스트들은 선택이라는 개념을 중심으로 조직을 꾸려왔다. 오늘날에도 임신중절 합법화 운동이나 선택권을 이야기한다. 그런데 1990년대에 미국의 유색인 여성들이 함께 목소리를 내면서, 선택이라는 개념과 언어의 한계를 지적하기 시작했다. 한 가지 이유로, 그들은 '선택'이란 임신을 예방하고 낙태할 수 있는 여성의 법적 권리에 전적으로 초점이 맞춰져 있다고 보았다.

조지아주 애틀랜타시에 본거지를 둔 '유색인 여성의 생식 정의를 위한 모임 시스터송'은 1990년대 말에 창설된 후 선도적으로 생식 정의를 증진해오고 있다.

유사 이래 유색인 여성은 안전한 공동체에서 아이를 갖고 키울 수 있는 권리를 위해서도 싸워야 했다. 그들도 낙태와 피임이 합법적으로 안전하게 이루어질 수 있어야 한다는 데 동감했다. 그러나 그것 자체만으로는 충분하지 않은 이유는 가장 취약한 계층의 요구를 충족시켜주지 못하기 때문이다. 요컨대 낙태가 합법이어도 수백 마일을 이동해서 병원에 갈 수 있는 형편이 안 되는 사람들도 있다. 이런 사람에게도 낙태가 정말 선택일 수 있을까? 피임하거나 아이를 키울 여력이 못 돼 낙태해야만 하는 여성도 있다. 이런 여성에게도 낙태가 선택일 수 있는가?

1994년 시카고에서는 흑인 여성들이 모여 가장 소외된 사람과 공동체의 요구에 초점을 맞출 전국 규모의 새로운 운동을 논의했다. 그들은 단체 이름을 '생식 정의를 위한 아프리카계 여성의 모임'으로

'선택'은 삶의 경험을 고려하지 않은 단어다. 그것에 영향을 미치고 제한하는 사회적 요인을 고려하지 않은 말이다. 낙태할 돈이 없으면 선택권도 없다. 일을 쉬고 먼 거리를 이동해 병원에 갈 수 없으면 선택권도 없다. 돈을 모으는 데 시간이 너무 오래 걸린다면 선택권도 박탈당한다. 아이를 또 낳을 능력이 안 된다면 선택권도 없는 것이다. '선택'은 결정을 둘러싼 상황과 사회적 현실을 무시한 말이다. 많은 사람에게는 선택의 여지가 없다.
－르네 브레이시 셔먼,
　생식 정의 활동가이자
　낙태 스토리텔링 전문가, 작가

지었다. 이로써 생식권을 둘러싼 정치적 문제들을 변화시킬 문구가 탄생했다.

'시스터송 SisterSong'은 생식 정의 이론을 개발하고 알리는 데 선도적인 역할을 하는 단체다. 애틀랜타에 본거지를 둔 이 단체는 1997년 로레타 로스와 루즈 로드리게즈 등에 의해 창설되었다. 이들은 생식 정의라는 개념을 사회 정의의 맥락에서 바라보는 기틀을 만들었다.

생식 정의는 아이를 가질 수 있는 권리와 안 가질 권리, 안전하고 건강한 환경에서 아이를 키울 권리를 요구한다. 임신중절 합법화 운동처럼, 생식 정의도 안전하고 합법적인 낙태, 어렵지 않게 할 수 있는 낙태를 요구한다. 그러나 이것이 전부는 아니다. 충분한 생식 정의를 이루려면 심각하게 소외된 여성들을 포함, 모든 여성이 낙태 서비스와 성교육, 피임, 의료 서비스를 받을 수 있어야 한다. 또 폭력으로부터 보호받고, 양육 지원을 받고, 아이를 안전하게 키울 집도 받아야 한다.

삶의 거대한 맥락을 이해하고 사람들이 겪는 다양한 형태의 억압도 다루어야 낙태권 문제를 제대로 바라볼 수 있다. 생식 정의는 바로 이런 점을 지적한다. 이러한 개념은 사람들이 낙태에 대해 생각하고 말하고 옹호하는 방식에 영향을 미치고 있다.

월리 파커는 낙태 서비스를 받게 해주는 의사이자 열정적인 작가, 강사다.
그는 저서《필생의 일》을 통해 낙태권과 생식권을 널리 알렸다.

월리 파커

낙태 반대는 때로 종교적 믿음과 연관돼 있다. 그렇지만 낙태와 생식권을 지지하는 종교 집단들도 있다. 1장에서 이야기했듯, '성직자 낙태 상담 서비스'에서는 합법화되기 전에도 낙태를 받을 수 있게 도와주었다. '생식 선택을 위한 종교연합(RCRC)'도 이런 지하 조직망에서 생겨났다. 이것은 생식 건강과 생식권, 생식 정의를 위해 함께 일하는 종교나 신학 단체 같은 다양한 단체들을 대변한다.

　오늘날 몇몇 낙태 제공자들은 종교적 믿음도 불사하고가 아니라 바로 그 종교적 믿음 때문에 낙태를 돕는다. '생식 선택을 위한 종교연합'의 회장 월리 파커 박사도 그런 사람이다.

윌리 파커는 앨라배마주 버밍햄의 인종 차별 지역에서 성장했다. 흑인 기독교 교회 공동체에서 성장한 그의 기억에 따르면 이곳에서는 '계획에 없던 임신만으로도 사람들에게 모욕을 당하거나 교회에서 추방되었다.' 그래서 그도 의사 경력의 절반가량은 낙태 수술을 거부했다. 그런데 시간이 흐를수록, 낙태를 원하는 환자와 대화를 나눌수록, 자신의 무대책이 꺼림칙하게 느껴졌다. "저는 여성의 선택권을 믿었습니다. 하지만 실제로는 반낙태 세력과 공모한 것이나 마찬가지였지요. 여성의 선택권을 위해 최전선에서 행동하지는 않았으니까요." 그는 이렇게 회고했다.

윌리 파커 박사는 '생식 건강을 위한 의사회'의 의장이자 '생식 선택을 위한 종교연합'의 지도위원이다.

그는 기독교인으로서 마틴 루터 킹 주니어의 강력한 주장과 가치, 믿음에 깊은 영향을 받았다. 킹 목사의 몇몇 말은 감옥에서 쓴 것이었다. 그가 자란 지역에서 10마일도 안 되는 거리에 그 감옥이 있었다. 킹 목사는 '어디에서 불의가 행해지든, 이 불의는 모든 곳의 정의에 위협이 된다'라고 말했다.

2002년 하와이에 살던 파커 박사는 불의를 목격했다. 그가 일하던 병원의 관리자가 더는 낙태 서비스를 제공하지 않기로 한 것이다. 이런 결정으로 인해 결국은 의사 개인에게 비용을 지불할 수 있는 사람만 낙태를 받을 수 있게 되었다. 파커 박사는 가난한 여성이 이런 결정으로 받게 될 고통이 염려됐다. 그는 이렇게 말했다. "가난한 여성이 안전하고 합법적인 치료를 못 받게 만드는 이런 결정을 받아들일 수 없었습니다. 옳지 않았으니까요."

그날 그는 분노와 좌절감을 안고 퇴근했다. 그리고 그날 밤 위로와 용기를 얻으려 킹 목사의 마지막 연설인 '저는 산 정상에 갔다 왔습니다'의 오디오 테이프를 들었다. 그는 멋진 사마리아인 이야기와 이 이야기에 대한 킹 목사의 생각에 깊은 감동을 받았다. "갑자기 영혼 깊은 곳에서 한 대 두들겨 맞은 것 같은 느낌이 들었어요…… 땅이 빙글빙글 돌고 의문이 확 뒤집어졌습니다. 예전에는 '기독교인으로서 낙태해주는 것이 올바른 일인가?'를 고민했는데, 이제는 '기독교인으로서 낙태 시술을 거부하는 것이 올바른 일인가?' 하고 묻게 된 겁니다." 다음 날 그는 동료들에게 낙태 시술법을 배우고 싶다고 말했고 곧 풀타임으로 낙태 치료법을 훈련받았다. 이후로 그는 줄곧 이 일에 헌신했다. 개업을 포기하고 미시시피와 앨라배마, 조지아주에서 낙태 서비스를 제공하고 있다.

"저는 아프리카계 미국인이자 노예의 후손이고 남부에서 성장했습니다. 그렇기 때문에 자신의 몸과 운명, 삶에 대한 통제권을 갖지 못하는 것이 어떤 의미인지 아주 잘 알죠. 낙태 서비스 제공자로서 저는 신의 일을 하고 있다고 믿습니다. 낙태해주고 낙태를 원하는 여성들을 위해 목소리를 내는 것은 제 소명입니다. 제 삶의 일이죠."

모두를 위한 기회와 선택

임신할 수 있는 사람이면 누구나 원치 않은 임신에 직면할 수 있다. 또 몇몇 집단은 낙태 서비스 이용에 어려움을 겪을 수도 있다. 캐나다와 미국에서는 낙태가 합법이지만 규제가 심한 주나 지방, 시골, 외딴 지역 사람들은 낙태 서비스를 받는 것이 상당히 어렵다. 저소득자나 성전환자, 장애인, 이민자, 난민, 밀입국자도 추가적인 장애에 부딪힌다.

외딴 지역과 원격의료

캐나다는 영토가 광대하고 인구가 넓게 퍼져 있어서 여러 외딴 지역에서는 낙태를 포함한 의료 서비스를 받기 힘들다. 이런 지역에서 의료 접근 기회를 개선하는 방법의 하나는 원격의료로 낙태 서비스를 제공하는 것이다.

1993년 엘렌 위비는 캐나다에서 의학적 낙태를 해준 최초의 의사가 되었다. 낙태 원격의료 분야의 선구자이기도 한 그녀는 이렇게 말했다. "우리는 베이스캠프에서 원격의료를 통해 의학적 낙태를 제공하게 되었습니다. 덕분에 지방에서 낙태에 다가갈 기회도 많아졌어요. 의사가 스카이프나 페이스타임으로 환자를 보고, 환자는 똑같은 방식으로 상담자에게 이야기합니다. 그리고 나서 각자의 지역에 있는 병원에서 혈액검사를 받는 겁니다." 아직 임신 초기인 환자에게는 임신 중단 알약을 주어 집에서 낙태하게 해준다.

하지만 원격의료와 의학적 낙태가 낙태 접근성을 증진할 수 있는 잠재력은 아직 원활하게 실현되지 않고 있다. 캐나다가 의학적 낙태

프로그램을 발전시키는 것에 더디기 때문이다. 낙태 약물 루-486은 프랑스에서 1988년에 허가받고, 미국에서 2000년에 사용 승인이 내려졌는데 캐나다에서는 최근에서야 널리 사용할 수 있게 되었다. 캐나다에서는 이 약물이 미페지미소로 알려져 있다. 지금까지 환자들에게 이 약을 이용하게 해주는 의사는 거의 없다.

'성 건강과 권리를 위한 캐나다의 행동'은 오타와에 본거지를 둔 단체다. 이 단체의 이사인 샌딥 프라사드는 낙태 클리닉의 의사들 말고는 이 미페지미소를 처방해주는 의사가 없는 것 같다고 말했다. "우리에게는 가정의들이 정말로 많이 필요합니다……. 그래야 미페지미소의 획기적인 잠재력을 확실히 실현할 수 있어요."

의학적 낙태에 대한 정보가 부족하다는 것도 문제다. "미페지미소도 선택지의 하나라는 것을 여성들이 정말 알까요? 그 약을 어떻게 찾을까요? 들어본 적도 없는 걸 어떻게 찾을 수 있나요?" 이렇게 말했지만 엘렌 위비처럼 인식을 고양하기 위해 열심히 일하는 사람들이 많다. 부디 머지않은 미래에 원격의료가 더욱더 많은 사람에게 진정한 대안을 제공해주기를!

성전환자와 낙태

원치 않은 임신에 직면하는 이들은 거의 여성이다. 하지만 여성이 아닌 경우도 있다. 성전환한 남성은 대부분 자궁이 있어서 임신도 가능하다. 이런 남성들은 생식 건강 의료에 다가가려 할 때 심각한 장애들에 부딪힌다. 한편 여성이나 남성 어느 쪽이라고도 할 수 없는 사람들도 많다. 논 바이너리non-binary(남성과 여성으로만 나누는 이분법적인 성별 구분에서 벗어난 사람이나 그런 성 정체성—옮긴이)나 젠더퀴어

"성별에 구애받지 않는 사람과
성전환자들도 제약적이고 억압적인 반낙태법에 지대한
영향을 받는다. 이런 점을 밝히는 것도 개인적 목표로
삼아왔다. 생식권 논의에서 흔히 배제되는 사람들을
배려하기 위해 내 이야기를 공유하고 있다."

—잭 퀘미 구티에레스, '우리는 증언한다'

genderqueer(논 바이너리와 같은 개념이며, 무성과 젠더플루이드 모두 논 바이너리에 포함된다-옮긴이), 무성agender(남성 혹은 여성 어느 쪽에서도 성 정체성을 찾지 못하는 사람-옮긴이), 젠더플루이드genderfluid(말 그대로 다양한 성 정체성을 의식적으로나 무의식적으로 오가는 사람-옮긴이) 같은 성 정체성을 지닌 이들이 바로 그런 예다. 이런 사람들이 급속히 증가하고 있으며, 연구에 따르면 이런 증가는 계속될 것이라고 한다. 오늘날 십 대 청소년과 젊은층이 성에 대한 이분적인 생각에 이의를 제기하고 있기 때문이다.

임신 가능한 성전환자와 논 바이너리도 필요한 의료에 접근할 수 있어야 한다. 피임으로 임신을 막고, 낙태로 원치 않은 임신을 종결하고, 정기적인 암 검사를 받을 수 있어야 한다. 그러나 성전환자와 논 바이너리들은 흔히 그들의 성 정체성과 몸을 지지해주는 성 건강 서비스를 받는 데 어려움을 겪는다. 그래서 성전환자 중 일부는 아예 의료 서비스를 받지 않거나, 성 정체성을 지지해주지 않는 의료를 어쩔 수 없이 받아들인다.

의료진과 교육자, 지지자들이 할 수 있는 몇 가지 간단한 일이 있다. 이 정도만으로도 피임과 건강관리, 낙태를 원하는 모든 사람을 보다 더 지지해줄 수 있다. 예를 들어, 초 포용적 언어를 사용하면 성전환자들의 요구도 분명히 인식하게 된다. 병원이나 클리닉에서는 흔히 서류로 메시지를 전달한다. 이때 방문 기록이나 동의서에 '여성' 대신 '환자'라는 말을 사용한다. 또 의사와 간호사도 환자에게 어떻게 불리기를 원하는지, 어떤 대명사를 사용해야 할지를 물어본다. 이런 점을 잘 모르는 사람들은 종종 잘못 말할까 봐 염려하기에 교육은 아주 중요하다. 성전환자 관련 문제를 훈련받은 별도의 직원이 있으면 더 포용적이고 적절하며 다가가기 쉬운 서비스를 제공하는 데 도움이 된다.

장애인의 권리와 낙태

장애인 권리 단체들은 낙태권 운동과 복잡한 관계에 있다. 다운증후군이나 척추뼈갈림증 등이 보이는 태아에 대한 산전 선별 검사와 선별 낙태를 둘러싼 문제는 어렵고 때로는 고통스럽기까지 한 논쟁을 불러왔다. 역사적으로 장애를 가진 이들은 강압적이거나 폭력적인 불임 운동의 표적이 되어왔다. 그래서 성관계와 임신, 자녀 양육의 권리를 위해 싸워야 했다. 하지만 장애인 권리 운동과 생식권 운동 사이에는 공통점도 있다. 바로 인간은 자신의 몸을 통제할 수 있어야 하며, 개인의 생식 결정을 정부가 간섭하면 안 된다고 믿는다는 점이다.

그런데 문제가 있다. 우선 우리 사회는 장애인을 종종 성적인 존재로 보지 않는다. 그래서 장애인은 성교육이나 생식 의료 서비스를 받을 기회를 얻지 못하기도 한다. 하지만 그들도 원치 않은 임신을 경험하며 낙태 서비스를 받으려 할 때는 훨씬 많은 장애에 직면한다. 적절한 이동 수단이 없어서 의사와 만나기로 한 약속을 지키지 못하기도 한다. 혹은 환자를 휠체어에서 안전하게 이송하는 장비도 없고, 직원이 수화를 이해하지 못해서 의료시설이나 클리닉을 이용하기가 어려울 수도 있다. 돌보미들이 그들의 선택을 존중해주지 않아도 이들에게 의존할 수밖에 없다.

자신과 가족을 위해 최선의 선택을 할 수 있도록 누구에게나 자원을 제공해야 한다. 누구나 필요한 정보와 서비스에 다가갈 수 있게 해야 한다. 누구에게나 포괄적인 성교육을 제공해야 한다는 의미다.

2017년 10월, 제인 도우 지지자들이 심리중인 워싱턴 DC 법원 근처에 모여 있다. 많은 이들이 소셜미디어상에서 '#제인에게 정의를'이라는 해시태그로 힘을 보탰다.

클리닉과 생식 건강 서비스를 쉽게 이용할 수 있게 해주고, 장애인의 삶도 존중하며 그들의 목소리에 귀를 기울여야 한다. 또 산전 선별 검사 결과 태아의 장애가 나타나면, 관련자들에게 최대한 정확하고 완전한 정보를 제공해야 한다. 태아와 똑같은 장애를 갖고 살아가는 사람들의 구체적인 생각도 이런 정보에 포함된다. 이런 상황에 부닥친 사람이 낙태를 원하면 도움이 되는 낙태 서비스를 이용하게 해준다. 임신 종결을 원할 경우, 그들 자신과 아이, 가족을 위해 적절한 의학적 · 교육적 · 사회적 지원을 받게 해주어야 한다.

쉼터에 있을 때 정부는 필요한 것을 거의 제공해주었어요. 하지만 낙태받으러 나가는 것은 허용하지 않았습니다. 대신 의사를 만나게 해주었죠. 의사는 낙태하지 말라고 설득하면서 초음파 검사지를 보여줬습니다. 낯선 사람들까지 제 마음을 바꾸려고 애썼지만 저는 스스로 결정을 내렸습니다. 이 결정은 신과 저 사이의 것이었어요. 온갖 설득에도 마음을 바꾸지 않았습니다. 누구도 올바른 결정을 내리는 것에 수치심을 느끼면 안 됩니다. 저 같은 상황에 부딪힌 소녀가 있다면 저는 이래라저래라 하지 않을 겁니다. 결정은 그녀의, 오로지 그녀 혼자의 몫이니까요.
–제인 도우,
 보호자가 발표한 공개 성명서

이민지와 난민, 밀입국자

이민자와 난민 중에도 생식 의료 서비스와 낙태 서비스를 받아야 하는 이들이 있다. 이런 사람들에게는 언어의 장벽과 경제적 어려움, 문화적으로 적절한 서비스의 결여, 통역자의 부재 등도 모두 문제가 된다. 거기다 미국 정부는 밀입국자의 낙태권을 직접적으로 공격해왔다.

2017년 가을, 17살의 제인 도우는 세간의 이목을 끄는 법적 다툼의 당사자가 되었다. 낙태도 금지당하고, 감금돼 있던 구치소에서 나오는 것도 허용이 안 됐기 때문이다. 연방정부와 주 관료들은 그녀가 이민자 신분이며, 미국에서는 이민자의 낙태권을 보장하지 않는다고 주장했다. 이 십 대 소녀는 마침내 낙태를 받는 데 성공했지만 '미국 시민 자유연맹'은 이와 유사한 사건을 3건이나 확인하고 고소했다. 익명을 써서 제인 로우와 제인 포, 제인 모에 사건으로 알려진 것이 그것이다. 이들 외에도 권리를 부정당한 이는 또 있을 것이다. 미국에는 구금 중인 십 대 밀입국자 임산부들이 많다.

내 선택 덕분에 내겐 삶의 중심인 아이들이 생겼어.

대학을 졸업하고 일을 시작했어.
가족을 부양할 수 있을 뿐만 아니라

어디 사는 사람이든 나와 같은 선택을 하도록
돕는 일이었지.

2015년에 '전국 낙태기금 네트워크'에 들어간 거야.

우리는 안전하고 합법적인 낙태 운동을 벌여. 자금과 이동 수단,
법적 지원도 해주고 이 외에도 많은 서비스를 제공해.

나와 가족에게 낙태는
정말 중요한 일이었어.
다른 사람들도 자신을 위해
같은 선택을 하리라 믿어.

섀넌 하디는 노바스코샤주 핼리팩스의 사회복지사다. 그녀는 낙태 도우미(낙태하려는 임산부를 지원해주는 사람)도 자원했다. 또 과거의 '해안 지역 낙태 지원 서비스'인 '대서양 연안 낙태 지원 서비스'도 운영한다.

눈물겨운 풀뿌리 운동

낙태가 합법화되기 전에도 사람들은 단체를 만들고 돈을 모아서 낙태를 도왔다. 이런 풀뿌리 단체들은 오늘도 변함없이 사람들이 낙태 서비스를 받을 수 있도록 도움을 주고 있다.

낙태기금

하이드 수정안으로 인해 미국에서는 메디케이드를 통한 낙태 지원이 불가능해졌다. 그러자 낙태기금 단체들이 생겨나기 시작했다. 낙태 비용을 감당할 수 없는 사람들 때문이다. 이런 개별 단체들이 자원 공유와 협력의 필요성을 인정하면서 '전국 낙태기금 네트워크'가 생겨났다. 현재는 38개 주에 70개의 낙태기금 단체가 존재한다. 이 단체들은 매년 100,000건도 넘는 요청에 도움을 주고 있다. 낙태 비용을 감당할 수 없는 사람들이 전화로 도움을 요청하는 것이다. 이들은 활동 영역도 확장해가고 있는데, 단순한 비용 지원을 넘어 상담자와 숙소를 제공하고 낯선 도시의 클리닉까지 태워다주는 등의 실질적 지원도 해준다.

클리닉에 갈 비용이 없다면 낙태는 진정한 선택이 될 수 없다. 선택에 대한 생각을 확장할 필요가 있다. 누군가에게 선택권을 주려면, 그 선택이 현실적이어야 한다.
−섀넌 하디, '해안 지역 낙태 지원 서비스'의 창설자

대서양 연안 낙태 지원 서비스

여러 해 동안 프린스 에드워드 아일랜드주(캐나다 세인트로렌스만 남부에 있는, 섬으로 이루어진 주-옮긴이)에서는 낙태 서비스를 이용하기 힘들었다. 그러나 여기서도 창조적이고 재능 있고 열성적인 활동가들이 이 문제를 개선하기 위해 노력해왔다.

노바스코샤주의 핼리팩스에서 성 건강 교육가로 일하던 섀넌 하디는 프린스 에드워드 아일랜드주의 주민들이 거주 지역에서는 낙태를 받을 수 없어서 핼리팩스까지 몇 시간이나 이동해야 한다는 사실이 안타까웠다. 섀넌은 그들을 도울 곳이 필요하다는 생각에 직접 단체를 꾸리고, 다른 조직자들과 함께 '해안 지역 낙태 지원 서비스'를 창설했다. 자원봉사자들이 임산부들을 뉴브런즈윅과 프린스 에드워드 아일랜드주를 연결하는 다리까지 차로 태워오면, 노바스코샤주의 핼리팩스에서 온 자원봉사자들이 이들을 병원까지 데려다주었다. 그

리고 이들이 안전하게 머물 장소까지 무료로 제공했다.

2017년 프린스 에드워드 아일랜드주는 드디어 낙태 서비스를 제공하기 시작했다. 그러면서 '해안 지역 낙태 지원 서비스'의 역할도 바뀌었다. 요즈음 이 단체는(현재는 '대서양 연안 낙태 지원 서비스'로 불린다) 주로 정보를 제공하는 일을 한다. 생식 정의에 관심을 기울이고 있는 이곳의 자원봉사자 대부분은 간호대나 의대 학생들이며 과거에 '해안 지역 낙태 지원 서비스'의 도움을 받은 이들도 많다.

낙태 서비스 이용을 위한 크라우드펀딩

캐나다 해안 지역 뉴브런즈윅주의 주도 프레더릭턴에는 몇 년간 모겐탈러 클리닉이 있었다. 이 병원을 세운 사람은 헨리 모겐탈러다. 반대자들이 병원 옆 건물을 사들여 지속해서 반대하고 괴롭혔지만 헨리는 굴하지 않고 병원을 운영했다. 그러나 그의 사망 후 병원은 결국 문을 닫았다.

뉴브런즈윅주의 의사 아드리안 에드가는 주민들이 낙태 서비스를 이용하는 데 이 사태가 어떤 영향을 미칠지 걱정됐다. 물론 멍크턴과 배서스트에 있는 두 병원에서는 여전히 낙태를 받을 수 있었지만 프레더릭턴 주민이 낙태 서비스를 받으려면 두세 시간이나 차를 몰고 가야 했다. 게다가 뉴브런즈윅의 병원들이 의무 상담과 낙태 사이에 대기기간을 둔 바람에 임산부들은 긴 여행을 두 번이나 해야 했다. 그래서 아드리안과 파트너 발레리 에델만은 '뉴브런즈윅 생식 정의' 같은 다양한 단체의 사람들과 모여, 이 지방의 유일한 사립 낙태 클리닉을 다시 열 방법을 논의했다. "우리는 둥글게 모여 앉아 자유롭게 각자의 생각을 이야기했습니다. 어떻게 해야 할까? 누군가 온라인 모금 행사를 제안했고, 우린 곧 작업을 시작했습니다. 그리고 세계 곳곳에서 기부금이 들어오기 시작했지요."

모금행사 안내 화면의 메시지를 보면 이 운동이 얼마나 지지를 받았는지 알 수 있다. 다른 클리닉에서 연대의 메시지와 함께 보낸 지지도 있고, 낙태 경험이 있는 사람의 지지도 있었다. 그는 다른 사람들도 똑같은 선택을 하도록 돕고 싶어 했다. 또 낙태를 불법으로 여기던 시기를 기억하는 사람이 보낸 응원도 있었다. 다음은 그 예다. '저는 80살이에요. 1950년대에 런던에서 간호사로 일했죠. 41세 산모의 죽음이 제가 목격한 첫 번째 죽음이었습니다. 가난해서 더는 자녀를 둘 수 없는 여성이었는데 그만 잘못된 낙태로 고통받다 사망했지요.'

그런가 하면 이 싸움의 오랜 역사를 아는 사람의 지지도 있었다. '헨리 모겐탈러는 돈 되는 일을 그만두고 캐나다 여성의 생식권을 위해 싸우다 투옥됐습니다. 저는 그를 실망시키고 싶지 않아요.' 또 낙태 서비스를 누구나 이용할 수 있어야 하는 캐나다에서 클리닉이 크라우드펀딩에 의존해야 한다는 사실에 많은 이들이 분개했다.

크라우드펀딩은 성공적이었다. 모겐탈러 클리닉 건물을 임대해 '클리닉 554'라는 명칭으로 다시 열기에 충분한 돈이 모였다. 아드리안은 다른 의사들과 낙태 서비스를 제공하고, 발레리는 클리닉 관리를 맡았다. 하지만 이로써 완벽하게 해결된 것은 아니다. 뉴브런즈윅주는 종합병원이 아닌 데서 이루어지는 낙태에는 기금을 보조해주지 않기 때문에 '클리닉 554'는 정부 기금을 못 받는 유일한 클리닉이 되었다. 그리고 모두가 낙태 비용을 감당할 형편인 것도 아니었다. 그럼에도 뉴브런즈윅주에는 원치 않은 임신에 직면한 사람에게 선택지가 하나 더 생긴 셈이다.

'클리닉 554' 앞에서 아드리안 이오인 에드가와 발레리 에델만.
현수막은 이 지역 예술가인 레이드 로지와 앰버 치스홀름의 도움으로
'프레더릭턴 유스 페미니스트'에서 제작했다.

2016년, 홀 우먼스 헬스 대 헬러스텃Whole Woman's Health v. Hellerstedt 사건 판결* 후, 낙태 접근성 옹호자들은
대법원 밖에서 이 중요한 승리를 축하했다. 활동가들이 들고 있는 표지판의 숫자는 흔히 인용되는 통계다.
'셋 중 한 명'은 45세까지 전 세계 여성의 1/3이 낙태를 경험한다는 것을 의미한다. 2017년 발표된 새로운 연구 결과는
낙태율이 감소해 4명 중 1명인 것으로 나타났다.

새로운 전략: 소셜 미디어 활용

낙태 문제를 둘러싼 오명도 지속적인 난관의 하나다. 낙태는 자주 일
어나는 일인데도 사람들은 흔히 이 문제를 거론하는 것을 두려워한
다. 1970년대에 프랑스의 활동가들이 낙태법을 완화하기 위해 투쟁
했을 때 변화를 일으키는 데 도움이 된 행동이 있다. 343명의 유명한
여성들이 자신의 낙태 경험을 공개적으로 밝히고 선언문에 서명한
것이다.

* 이 획기적인 판결에서 연방대법원은 텍사스주가 낙태 서비스를 제한해 낙태하려는 여성에게
  지나친 짐을 안기는 것은 위헌이라고 판단했다.

전 세계 활동가들이 비슷한 전략을 사용하고, 낙태의 오명과 싸우기 위해 자신의 경험을 공개적으로 밝힌다. 이렇게 할 때 많은 이들이 인터넷의 힘을 이용한다. 프랑스와즈 지라드는 이렇게 말했다. "기꺼이 커밍아웃해서 자신의 경험을 털어놓는 것. 이런 행위는 아주 막강한 영향을 미칩니다……. 이런 젊은 활동가들에게 소셜 미디어는 30년 전에는 상상할 수 없었던 방식으로 경계를 허물고 서로 소통하며 연결되는 차원을 제공해주었습니다."

인도에서 '끄레아CREA'라는 페미니스트 인권 단체는 '#오명을 털어내자AbortTheStigma'라는 운동을 시작했다. 이 운동의 목적은 낙태 이야기를 장려하고, 인식을 증진하고, 침묵과 수치심에 맞서 싸우고, 낙태에 대한 오해와 근거 없는 믿음들에 도전하는 것이다. 또 '오스트레일리아 생식 선택'은 낙태의 오명을 물리치기 위해 애들레이드 거리에서 플래시몹을 벌였다. 잠비아에서는 젊은이들이 이끄는 '아프리카 퍼스트'라는 단체가 노래와 춤, 코미디를 이용한 거리공연으로 젊은이들의 성과 낙태를 둘러싼 상처를 줄이고 대화를 끌어내려 노력했다.

'끄레아'는 대중 교육용 자료를 만든다. 침묵은 오해와 오명을 낳고, 안전한 낙태를 더 어렵게 만든다.

북아메리카에서도 여론을 얻기 위한 싸움이 계속되었다. 젊은이들은 일반 대중에 비해 안전하고 합법적인 낙태를 더 지지하지만 여전히 상당한 수치심과 상처를 갖고 있다. 이것은 낙태 경험을 털어놓는 것을 더욱더 어렵게 만들고, 이런 침묵은 대중의 지지를 떨어뜨리는 결과를 불러

온다. 게다가 낙태 반대 단체들은 이런 침묵과 수치심을 악용한다.

'셋 중 한 명 운동The 1 in 3 Campaign'은 이런 문제를 해결하기 위해 낙태에 관한 대화를 장려했다. 관련 웹사이트를 보면 서로의 이야기를 공유할 수 있는 자리도 제시되어 있다. 이런 경험의 공유는 강력한 영향을 미친다. 임신 종결을 선택한 사람들의 이야기를 듣다 보면, 낙태를 비난하기가 훨씬 더 어려워진다.

"우리 이야기를
당당하게 이야기하면,
성 스펙트럼의 어디에 위치하든, 모든
가임기의 소녀와 여성의 삶을 파괴해버리는
오명과 거짓말, 낙태를 수치스럽게 여기는
분위기도 차츰 사라진다. 낙태는 자주 일어나며,
지금도 일어나고 있다. 누구나 합법적으로
안전하게, 어렵지 않게 낙태받을 수 있어야
한다. 낙태는 큰 소리로 솔직히 말해도 된다.
—린디 웨스트, 낙태를 둘러싼 침묵과 오명에
맞서 싸우는 운동 '너의 낙태 경험을 크게
이야기하라#ShoutYourAbortion'에 대해

미국의 젊은 활동가들

워싱턴주 시애틀에 사는 18살 고등학생 매디 라스무센은 '안전한 병원 프로젝트'라는 환상적인 웹사이트를 만들었다. 이 사이트는 대화형 맵map으로 미국의 모든 낙태 클리닉을 소개하며, 각 주의 낙태 서비스 접근 규제들도 알려준다. 이 웹사이트는 2017년 봄에 가동 준비가 완료되었다.

매디는 여러 해 동안 여권에 관심이 많았다. 소외 여성 지원 단체인 '법의 목소리'에서 인턴으로 활동하며 이런 인식이 깊어졌다. "낙태 서비스 접근과 생식 건강을 둘러싼 문제에 가장 충격을 받았습니다. 가장 큰 논쟁거리 같았어요." 그녀는 이렇게 말했다.

매디는 학교 프로젝트의 하나로 이 웹사이트를 시작했다. "2학년 때 이웹사이트를 시작했어요. 그러다 3학년 때 논문 프로젝트로 다시 사이트 작업을 했죠." 그녀는 사실 작업이 불러일으킬 반응이 두려웠다고 한다. "2016년 선거 후 웹사이트와 함께 제 이름이 오르내릴까 걱정됐어요. 사람들이 '그 악마 같은 일을 하는 여자가 저 여자군'이라고 생각할까 봐 겁났죠. '가족계획'에 대한 지원도 끊어버리는 지금 같은 정치 환경에서, 낙태서비스 제공자들과 같은 목표물이 될지도 모른다는 두려움이 있었어요. 하지만 기꺼이 이 일을 하면, 제 이름을 내걸고 이 일을 받아들이면, 여성들이 장애물을 피하고 의료 서비스에 다가갈 수 있으리라 생각했어요. 분명

그만큼 가치 있는 일이니까요."

지금까지 그녀는 놀랄 정도로 긍정적인 피드백을 받고 있다.

"성교육 수업에 집중해보세요.

알아둬야 하거나 이해가 안 되는 부분은 선생님이나 가족에게
물어보세요. 그럴 수 없으면 인터넷에서 검색해보고요.
그런 것들은 어릴 때 알아둘수록 좋아요."

—매디 라스무센, '안전한 병원 프로젝트', 미국

이 책에 등장한 활동가들이 전하는 메시지

당신은 당신이 아는 것보다 더 강한 존재입니다. 일어나서 당당히 목소리를 낸다면
세상을 바꿀 수 있어요. 진부한 말이라는 건 알지만 전 진심으로 그렇다고
믿습니다. 한 사람만 솔직하게 이야기해도 대중에게 힘과 용기를
불어넣을 수 있어요. 어떤 이유로도, 누군가로 인해 침묵하지 마세요.
당신이 해야 할 말은 아주 중요한 것입니다.
—메간 브래디, '낙태 합법화를 찬성하는 학생들', 아일랜드

젊은이는 권위자를 존중하라고, 어른들은 답을 알고 있다고 배우죠.
하지만 어른도 그저 견해와 취향을 지닌 사람일 뿐입니다.
권위에 도전하고 질문을 던지는 것, 선생님이 잘못된 정보를 준다면 이의를 제기하는 것,
'왜 낙태에 대해서는 가르쳐주지 않죠? 왜 합의에 대해서는 가르쳐주지 않나요?'라고
묻는 것은 바람직합니다.
—르네 브레이시 셔면, '우리는 증언한다', '전국 낙태기금 네트워크', 미국

젊은이에게는 목소리를 낼 권리, 호기심을 갖고 질문을 던질 권리,
부모나 가족, 친구들에게 들은 답을 의심해볼 권리가 있습니다.
세상은 복잡한 곳이고, 모든 문제에는 다양한 측면과 다양한 목소리가 존재하지요.
그러므로 두려워 말고 자신만의 목소리를 찾아야 합니다.
무엇을 믿을지 스스로 결정하고, 두려움 없이 그것을 위해 싸워야 합니다.
—니암 스컬리, '낙태 합법화를 찬성하는 학생들', 아일랜드

젊은이가 할 수 있는 중요한 일이 있어요. 바로 크게 목소리를 내는 것, 부모님과 대화를
나누는 것, 내 삶 주변의 사람들을 교육하는 것, 낙태 서비스를 이용하는 것이
왜 중요한지를 나이 많은 사람들에게 이야기해주는 것, 바로 이런 일들입니다.
—아드리안 이오인 에드가, '클리닉 554', 캐나다

어떤 것도 당연하게 받아들이지 마세요······.
내 권리를 알고, 그것을 위해 기꺼이 싸워야 합니다. 앞장서서 용감하게 행동하세요.
진실은 제약과 경계, 국가를 뛰어넘습니다. 자신을, 서로를 믿으세요······.
그룹과 당, 노동조합 등을 결성하면 훨씬 강력해질 수 있습니다.
조직적으로 여럿이 움직이세요..
—하잘 아타이, '성과 생식권을 위한 청년연합', '위민 온 웹', 터키

자기 본래의 모습으로 존재하는 걸 두려워하지 말라고 젊은 독자들에게
말해주고 싶어요. 소문이나 뒷공론, 다양한 형태의 괴롭힘에 굴하지 말고,
언제나 그들의 본래 모습과 바람을 대변해주어야 합니다.
—로바 안드리아니나 란드리아나솔로, '성과 생식권을 위한 청년연합',
  '유스 퍼스트', 마다가스카르

낙태는 충분히 안전한 일상의 과정이고, 임신도 일상의 일입니다. 당신 몸은
당신 자신의 것이에요. 그러므로 내 몸을 어떻게 하고 싶은지, 섹스를 할지 말지,
피임을 할지 말지, 섹스를 완전히 포기하지 말지에 대한 통제권은 내게 있습니다.
—스페타니 피네이로, '플로리다 중부 여성 긴급기금', '우리는 증언한다'의 스토리텔러, 미국

나는 무엇을 할 수 있는가?

낙태권은 모두와 관련된 문제다! 나이나 성별이 어떠하든, 스스로 배우고 타인에게 가르쳐줄 수 있다. 낙태를 둘러싼 오명과 맞서 싸우고, 모든 이들이 자신의 몸과 관련된 중요한 결정을 스스로 할 수 있도록 그들의 권리를 지지해야 한다.

- 포괄적인 성교육을 요구한다. 성교육 수업에서 중요한 문제를 다루지 않거나 잘못된 정보를 가르쳐주면 질문하고 이의를 제기한다.
- 자신의 권리를 이해한다. 우리에게는 성행위를 하거나 거부할 권리, 내 몸과 성에 대한 정보에 접근할 권리, 원치 않는 임신으로부터 자신을 보호할 권리, 임신을 종결하거나 지속할 권리, 스스로 결정하도록 지지받을 권리가 있다. 친구들에게도 그 권리를 확실히 깨닫게 해준다.
- 성차별과 여성 비하, 동성애 혐오, 성전환 혐오에 저항한다. 거의 모든 사람에게 섹스는 정상적인 삶의 부분이다. 부끄럽게 여겨야 할 것이 아니다.
- 임신하거나 부모가 된 십 대를 지지해준다. 학교에서 배척당하지 않게 해주고, 잘못된 대우를 받으면 주저 없이 목소리를 높인다.
- 낙태를 선택한 이들을 지지해준다. 당신이 안심하고 의지할 만한 사람이라는 점을 친구가 알도록, 지지의사를 분명하게 표현한다.
- 당신이 모든 이들을 위한 사회 정의와 완전한 생식권을 지지한다는 점을 사람들에게 알린다.
- 낙태 서비스 이용을 지원하거나 변화를 위해 일하는 국내 혹은 국제단체들을 위해 기금을 모은다.
- 변화를 위해 일하는 사람들의 생각을 상세히 설명하고 내 생각도 들려준다. 소셜 미디어는 아주 강력한 영향을 미칠 수 있다!

낙태를 경험한 사람들의 이야기

생식권은 앞으로도 계속 도전에 직면할 것이다. 그러나 자신의 몸과 선택, 미래를 통제할 수 있어야 한다고 믿는 열정적이고 헌신적인 사람들은 이런 도전을 극복해낼 것이다. 가장 직접적으로 타격을 받는 사람은 무엇이 필요한지도 가장 잘 안다. 그래서 생식권을 위해 싸우는 활동가들은 낙태를 경험한 사람들의 목소리를 확실하게 들려주기 위해 동분서주한다. 르네 브레이시 셔먼도 그런 활동가다.

생식권을 위해 싸우는 시카고의 스토리텔링 활동가 르네는 워싱턴 DC에 거주하며 자신의 낙태 경험을 공개적으로 공유하고 있다. 다른 사람들도 솔직하게 경험을 털어놓도록 용기를 북돋고, 침묵과 오명을 밀어내기 위해서다.

르네 브레이시 셔먼은 낙태 경험자들의 이야기가 생식권 논의의 핵심이 되는 데 헌신하고 있다.

낙태했을 때 르네는 19살이었다. "철저히 혼자라는, 철저히 고립돼 있다는 느낌이 들었어요. 부모님은 임신중절 합법화를 찬성하는 분들이었지만 절 비난하시면 어쩌나 하는 걱정이 앞섰어요."

낙태를 경험한 후 그녀는 대중 강연자와 작가, '전국 낙태기금 네트워크'의 고위 공보담당자, '미국 낙태 및 생식권 행동 연맹'의 이사, 낙태 스토리텔링 전문가로서 열정적으로 낙태권을 옹호하고 있다.

우리는 낙태를 경험한 사람의 이야기보다 낙태를 경험한 사람들에 관한 이야기를 너무 자주 듣는다. "낙태 논쟁이 활발하게 이뤄지고 있지만 실제로 낙태를 경험한 사람들의 목소리는 무시되고 있습니다. 우리의 삶을 이해하려는 사람들은 거의 없어요. 아주 간단하지만 중요한 질문, 예컨대 '왜 낙태를 했나요?' 하는 질문도 받아본 적이 없어요. 이건 의도적이죠. 인간으로 대우해주지 않을 때 권리를 빼앗기는 더 쉬우니까요." 르네는 낙태 경험자들의 목소리를 생식권에 대한 논의 중심에 두어야 한다고 믿는다.

르네는 '우리는 증언한다'의 창설자이자 관리자다. '우리는 증언한다'는 자신의 경험담을 공개적으로 공유하도록 지지하는 웹사이트이자 프로그램이다. 르네는 이렇게 적었다. '우리는 낙태 전문가가 진정 누구인지를 재정립하고 있다. 우리가 증언하는 이유는 우리의 삶과 낙태 경험, 진실을 가장 잘 아는 전문가가 바로 우리 자신이기 때문이다. 우리에게 최선이 무엇인지를 우리는 잘 안다. 그리고 우리의 이야기는 우리가 책임진다. 자기 이야기를 누군가 대변해주고 있다는 것을 모르면 사람들이 솔직하게 이야기할 가능성은 적어진다.'

흑인 혼혈인 르네는 낙태를 둘러싼 오명이 인종과 얼마나 깊이 얽혀 있는지 잘 안다. "우리 같은 사람들 대부분이 솔직히 이야기할 수 없는 건 오명과 억압 때문입니다. 솔직하게 말해도 괴롭힘이나 혐오에 직면하니까……. 공개적인 영역에서 이야기를 공유하는 것조차 힘과 특권을 차지한 사람들 몫이죠. 그래서 가장 소외된 사람들, 의료 서비스를 받을 때 가장 어려움을 겪는 사람들은 계속 대변해주기 어렵습니다. 하지만 이것도 변화시킬 수 있으리라 믿어요."

르네는 《큰 소리로 낙태를 이야기하다 Saying Abortion Aloud》라는 스토리텔링 안내서도 썼다. 2015년 '가족계획'에서는 '흑인 역사의 달'을

---

* 미국은 아프리카계 미국인들의 역사와 중요한 인물, 사건, 문화 등을 기억하기 위해 매년 2월을 '미국 흑인의 달'로 정하고 다양한 행사를 펼친다.

맞아 '꿈의 수호자 99인'의 한 사람으로 그녀를 선정했다. 그리고 잡지 《컬러라인즈Colorlines》는 '2016년에 역사를 만든 16인의 유색인 여성'이라는 기사에 르네를 거명했다.

다음은 르네의 낙태 이야기다.

거의 매일 아침 나는 알람시계를 네다섯 번쯤
누른 후에야 침대에서 일어났다. 늘 그랬다.

*글: 르네 브레이시 셔먼
*그림: 케네디 토렐

BUTTERFLIES

그런데 십 년 전 어느 아침에는 늦잠을 자지 않았다. 아니, 그럴 수가 없었다.

만반의 준비를 했었잖아.

윽!

내게 이런 일이
일어나다니.

낙태받으러 갈 땐
뭘 입어야 하지?

스탠더드 진과 티셔츠가 괜찮은 것 같아.
편안하고, 단순하니까.

일주일 전에 임신한 걸 알았다.

하하, 인마,
쟤 너무 피곤한 것 같은데.
네 여친,
임신한 게 분명해.

하하…

하…

맞는 말이었다. 구토에 피로감.
부풀어 오르는 가슴.

난 후다닥 도망쳤다.

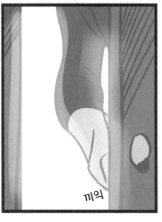

350달러. 낙태 비용이 이렇게 비싸다니. 부모님이 알까 봐 내 보험도 이용할 수 없었다. 아직 말하지 못했다. 언젠가는 그래야겠지만, 오늘은 아니다.

몇 년 후
엄마한테 이야기할 거야.

죄송해요.
저를 미워할까 봐,
실패자라고 여길까 봐
두려웠어요.

네가
자랑스러워.

르네,
그렇지 않아.

널 위해 최선의
결정을 내린 거야.

네 엄마인 게
너무 자랑스럽다.
그걸 잊지 마.

하지만 지금 나는 혼자다.

르네 님?

간호사는 정통파
유대인이었다.
종교인들은 모두
낙태하는 사람을
혐오한다고 생각했다.

그녀의 미소는 따뜻하고
진실했다. 믿음이 갔다.

나의 낙태 과정은 훌륭했다.
이건 절대 농담이 아니다.

텔레비전과 미디어는
낙태 시술자들을
사악한 사람처럼 이야기한다.
하지만 그건 선전일 뿐이다.
내 경우, 전혀 그렇지 않았다.

의사 선생님은 세심한 분이었다.
덕분에 웃을 수 있었다.

안녕, 르네?

신기하게도 〈사우스 파크〉에 나오는 셰프*를 닮았다.

언젠가 다시 만나 감사 인사를 전하고 싶다.

* 〈사우스 파크〉는 미국의 인기 성인 블랙코미디 애니메이션이다. 학교 요리사인 셰프는 아이들의
좋은 친구 같은 인물이다.

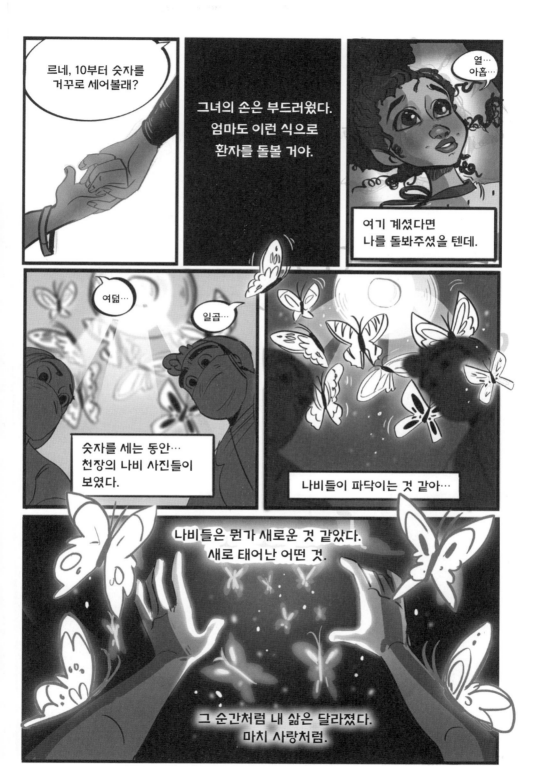

글을 맺으며

이 책이 대화의 시작이면 좋겠다. 낙태에 관해 이야기하는 것은 중요하다. 많은 이들의 삶에 한 부분을 차지하고 있기 때문이다. 이야기는 낙태에 대한 침묵과 오명에 맞서 싸우는 좋은 방법이다. 하지만 누구도 자신의 경험을 솔직히 털어놓아야 한다는 압박감을 느껴서는 안 된다. 편안하게 이야기할 수 없는 사람도 있기 때문이다. 또 아직 준비가 안 됐거나 원치 않는 사람도 있을 수 있다. 이런 경우들도 문제없다.

작가가 되기 전 나는 사회복지사로 일했다. 캐나다 종합병원의 여성 건강 클리닉에서 일한 적도 있는데, 이곳에서 많은 낙태 여성과 대화를 나눌 수 있었다. 이 시기, 그러니까 1990년대 중반부터 말까지 나와 함께 일했던 의사들은 생명의 위협도 받았다. 우리 동네의 낙태 시술자 한 사람은 집 창문으로 날아든 총탄에 사망했다.

임산부에게 낙태 서비스를 받게 해주려고 의사와 간호사, 클리닉 직원들이 얼마나 헌신적으로 일하는지 나는 보았다. 그리고 임산부가 임신을 종결할 수 있는 것, 몸과 삶을 스스로 통제할 수 있는 것이 얼마나 중요한지도 거듭 확인했다. 나는 언제나 임신중절 합법화에 찬성했다. 이런 경험들 덕분에 낙태 문제를 더욱 깊이 이해하고, 낙태권을 더욱 강력히 옹호하게 되었다.

낙태권과 관련된 상황도 급변하고 있다. 최신 정보를 담으려고 최선을 다했지만 여러분이 이 책을 읽을 즈음에는 당연히 달라진 부분이 더 있을 것이다. 그래서 정보를 얻기에 좋은 웹사이트들을 뒤에 소개했다.

나는 도널드 트럼프가 미국 대통령이 된 2017년 초에 책을 집필하기로 했다. 생식권은 물론, 여성과 이민자, 난민, 유색인종, 장애인, 레즈비언, 게이, 양성애자, 트랜스젠더의 권리까지 위협받았기 때문이다. 분명 힘든 시기지만 나는 앞으로 낙태권에 대한 어떠한 공격도 이겨내리라 확신한다. 생식권을 옹호하는 전 세계 단체가 열정적이고 단호하게 헌신하고 있기 때문이다.

사람들에게 낙태권 운동의 역사를 알려주는 것도 중요하다고 생각한다. 그동안 치열한 투쟁이 전개됐고, 우리 모두에게는 이런 투쟁으로 다져진 기반을 지킬 책임이 있다. 뒤로 돌아갈 수는 없다. 기본 권리가 위협받을 때는 용감하게 목소리를 내고 저항하는 것이 중요하다. 젊은이들이 그렇게 하는 데 이 책이 도움이 되었으면 좋겠다.

감사의 글

책을 쓰면서 가장 좋았던 점은 많은 멋진 사람들과 대화를 나누며 배울 기회를 얻었다는 것이다. 도움을 준 모든 분에게 정말 고맙다. 질문에 답해주고, 지식과 경험을 공유해주고, 열정을 갖고 헌신적으로 용기를 북돋아준 분들. 지대한 관심과 도움을 주었으며, 아주 관대하고 사려 깊고 통찰력 있는 분들이다. 이 책에 그들의 인용문과 정보, 이야기를 더 많이 소개하고 싶었다. 이 프로젝트를 도와준 모든 이들이 더없이 고맙다. 너무 많아 일일이 이름을 대기도 힘들지만 다음의 분들이 특히 중요한 기여를 했다. 잘못이나 실수, 빠트린 것이 있다면 당연히 모두 내 책임이다!

나의 가장 친한 친구 팻 스미스. 책을 쓰도록 용기를 주고, 활동가와 의사들을 소개해주고, 집필 동안 내내 아이디어와 글을 살펴봐주어 정말 고맙다. 그가 없었으면 이 책은 존재하지 못했을 것이다.

르네 브레이시 셔먼에게도 특별한 감사를 보낸다. 그녀는 생식 정의 옹호자이자 낙태 스토리텔링 전문가로서 광범위한 지식과 통찰, 경험을 공유해주었다. 그녀와 나눈 대화는 엄청난 도움이 되었다. 또 그녀가 소개해준 사람들의 글과 이야기, 예술 작품은 책에서 중요한 부분을 차지했다. 게다가 자신의 낙태 이야기도 책에 넣도록 허락해 주었다. 그 이야기는 책의 마지막에 멋지게 실려 있다. 덕분에 책의 끝부분이 완벽해져서 정말 고맙다.

캐나다의 활동가인 조이스 아서와 재키 라킨, 주디 레빅도 큰 도움을 주었다. 덕분에 캐나다 낙태권 운동의 역사를 재미있게 전달할 수 있었고, 현재 문제들도 깊이 이해하게 됐다. 사회학자이자 생식권 옹호자인 캐롤 조페도 저서와 이메일 질문에 대한 답변을 통해 낙태권 운동과 국경 남부의 문제들을 이해하는 데 도움을 주었다. 아만다 베넷은 사법적 우회와 이것을 거친 십 대들의 경험을, 캐나다 의사이자 생식권 옹호자인 엘렌 위비는 일부러 시간을 내서 의학적 낙태와 원격의료에 대해 가르쳐주었고, 뉴브런즈윅의 의사 아드리안 이오인 에드가는 캐나다의 해안 지역에서 낙태 서비스를 받기가 얼마나 어려운지를 설명해주었다. 우리는 성 소수자들을 포용하는 문제에 대해서도 대화를 나누었다. 트리스탄 안젤 리세 덕분에 성전환자들의 생식권 문제도 더 잘 이해하게 되었다. 모두에게 정말 고맙다.

'국제 여성건강 연합'의 프랑스와즈 지라드는 지구적 맥락에서 생식권과 건강에 대한 전문적 식견을 공유했고 이 문제에 대한 그녀의 열정은 다른 사람들에게도 전이되었다. '성과 생식권을 위한 청년연합'의 사라 헤지스 조와 프랑스와즈는 전 세계 활동가들을 연결해주었다. 둘 모두에게 너무도 고맙다. 둘의 지지 덕분에 이 책이 훨씬 훌

룡해졌다.

이 책에 자신의 이야기와 사진을 허락해준 다른 모든 활동가에게도 감사를 전한다. 그들과의 대화는 말할 수 없을 만큼 즐거웠다. 페데케미 아킨파데린-아가라우와 하잘 아타이, 메간 브래디, 조디 도일, 섀넌 하디, 데이비드 임바고 제이콤, 스테파니 피네이로, 로바 안드리아나나 란드리아나솔로, 매디 라스무센, 이암 스컬리, 이사벨 페레즈 위츠키도 영감을 불어넣었다. 우리가 사는 세상을 더 좋은 곳으로 만들기 위한 이들의 노력과 내게 준 도움에 크나큰 고마움을 전한다.

하이디 다로크와 엘리 다로크, 마야 호프-클리브스, 체릴 메이, 팻 스미스, 일세 스티븐슨, 질레스 스티븐슨 등 원고를 읽고 신중한 피드백을 준 모든 분께도 감사하다. 모두 정말 고맙다.

작품을 공유해준 사진가와 화가들에게도 고마움을 전한다.《선택을 위한 만화Comics for Choice》라는 멋진 책의 편집자인 헤이젤 뉴레번트는 작가, 화가들과의 접촉을 도와주어 이 책에 작품을 실을 수 있었다.

오카 출판사의 앤드류 울드리지, 출판을 허락해주어서 정말 감사하다. 유능한 편집자 사라 하비, 그녀와 함께한 작업은 정말 즐거웠다. 이 책의 주제에 나 못지않은 열정을 보여주었고, 그 사실이 내겐 정말 의미심장하다. 아트 디렉터이자 디자이너인 테레사 부벨라는 헤아릴 수 없는 시간을 바쳐 이 책을 아름답게 꾸며주었다. 뿐만 아니라 내게 중요한 것이 무엇인지를 이해하고, 우선 사항들을 이미지와 디자인에 반영하기 위해 열심히 작업해주었다. 멋진 일러스트를 그려준 미그 피츠제럴드에게도 고마움을 전한다. 그리고 모든 오카 멤버들, 늘 그렇듯 고맙다. 함께 일하기에 더없이 멋진 팀이었다. 나보다 더 운 좋은 사람은 없을 것이다.

마지막으로 나의 훌륭한 부모님과 배우자, 아들에게도 특별히 고맙다고 꼭 안아주고 싶다. 다들 물심양면으로 전폭적인 사랑과 지지를 보여주고, 생식권에 대한 이야기에도 오랜 시간 귀를 기울여주었다.

참고문헌

들어가며

Abortion Rights Coalition of Canada. "Statistics—Abortion in Canada." Abortion Rights Coalition of Canada, April 2017. arcc-cdac.ca/backrounders/statistics-abortion-in-canada.pdf.

Guttmacher Institute. "Induced Abortion in the United States." Guttmacher Institute, October 2017. guttmacher.org/fact-sheet/induced-abortion-united-states.

University of Ottawa. "Society, the Individual and Medicine: Facts and Figures on Abortion in Canada." University of Ottawa, July 2015. med.uottawa.ca/sim/data/abortion_e.htm.

1장

Abbott, Karen. "Madame Restell: The Abortionist of Fifth Avenue." Smithsonian.com, Nov. 27, 2012. smithsonianmag.com/history/madame-restell-the-abortionist-of-fifth-avenue-145109198/.

Boston Women's Health Collective. "Women and Their Bodies: A Course." Our Bodies, Ourselves, 1970. ourbodiesourselves.org/cms/assets/uploads/2014/04/Women-and-Their-Bodies-1970.pdf.

Bracey Sherman, Renee. "What the War on Reproductive Rights Has to do With Poverty and Race." Yes! Magazine, May 25, 2016. yesmagazine.org/peace-justice/what-the-war-on-reproductive-rights-has-to-do-with-poverty-and-race-20160525.

Dore, Mary, dir. She's Beautiful When She's Angry. New York: International Film Circuit and She's Beautiful Film Project, 2014. 92 minutes.

Gold, Rachel Benson. "Lessons from Before Roe: Will Past be Prologue?" Guttmacher Policy Review 6, no. 1. March 1, 2003. guttmacher.org/gpr/2003/03/lessons-roe-will-past-be-prologue.

Morrison, Patt. "Lest We Forget the Era Preceding Roe vs. Wade." Los Angeles Times, Jan. 21, 2003. http://articles.latimes.com/2003/jan/21/local/me-patt21.

Our Bodies, Ourselves. "History." About. ourbodiesourselves.org/history/.

Ross, Loretta, and Rickie Solinger. *Reproductive Justice: An Introduction*. Oakland: University of California Press, 2017.

Soranus of Ephesus. *Soranus' Gynecology*. Translated by Owsei Temkin. Baltimore: John Hopkins University Press, 1956.

Stortz, Gerald J., with Murray A. Eaton. "Pro Bono Publico: The Eastview Birth Control Trial." *Atlantis* 8, no. 2 (Spring/Printemps 1983): 51–60. http://journals.msvu.ca/index.php/atlantis/article/viewFile/4530/3768.

Wolfe, Jessica Duffin. "Why I Am an Abortion Doctor, by Garson Romalis" (speech at University of Toronto Law School Symposium, Jan. 25, 2008). *Toronto Review of Books*, Oct. 29, 2012. torontoreviewofbooks.com/2012/10/why-i-am-an-abortion-doctor-by-dr-garson-romalis/.

2장

Arthur, Joyce. "Abortion in Canada: History, Law, and Access." 1999. hackcanada.com/canadian/freedom/canadabort.html.

Brownmiller, Susan. "Everywoman's Abortions: 'The Oppressor Is Man.'" *Village Voice*, March 27, 1969. https://womenwhatistobedone.files.wordpress.com/2013/09/1968-03-27-village-voice-full.pdf.

Connolley, Greg. "Pro-Abortion Protest: House Screams to a Halt." *Ottawa Citizen*, May 12, 1970.

Day, Shelagh, and Stan Persky, eds. *The Supreme Court of Canada Decision on Abortion*. Vancouver: New Star, 1988.

Dunlap, Bridgette. "How Clergy Set the Standard for Abortion Care." *The Atlantic*, May 29, 2016. theatlantic.com/politics/archive/2016/05/how-the-clergy-innovated-abortion-services/484517.

Joffe, Carole. *Doctors of Conscience: The Struggle to Provide Abortion before and after Roe V. Wade*. Boston: Beacon Press, 1996. Quotes from pp. 12 and 82.

Kaplan, Laura. *The Story of Jane: The Legendary Underground Feminist Abortion Service*. Chicago: University of Chicago Press, 1995. Quotes from introduction and p. 287.

Kieran, Sheila. "The Struggle for Abortion Rights: 1960s to 1980s." *The Morgentaler Decision*, n.d. morgentaler25years.ca/the-struggle-for-abortion-rights/1960s-to-1980s/.

Mackie, Victor. "Protesters Force House to Adjourn—Women Carry 'Abortion War' into Commons Gallery." *Winnipeg Free Press*, May 12, 1970.

McCook, Sheila. "Pleas for Abortion Greeted by Silence." *Ottawa Citizen*, May 11, 1970.

McKenna, Brian. "MPs Study Ways to Curb Disruptions." *Montreal Star*, May 12, 1970.

Our Bodies, Ourselves. "History of Abortion in the U.S." March 28, 2014. ourbodiesourselves.org/health-info/u-s-abortion-history/.

Rebick, Judy. *Ten Thousand Roses: The Making of a Feminist Revolution*. Toronto: Penguin Canada, 2005. Quote from p. xv.

Religious Coalition for Reproductive Choice. "History." http://rcrc.org/history/.

Sanger, Clyde. "Angry Women Halt Sitting of Parliament." *Globe and Mail*, May 12, 1970.

Tierney, Ben. "Our View: Freedom to Decide." *Calgary Herald*, May 12, 1970.

3장

Abortion Rights Coalition of Canada. "Position Paper #58: The Injustice and Harms of Parental Consent Laws for Abortion." October 2017. arcc-cdac.ca/postionpapers/58-Parental-Consent.pdf.

American Civil Liberties Union. "Laws Restricting Teenagers Access to Abortion." aclu.org/other/laws-restricting-teenagers-access-abortion?redirect=reproductive-freedom/laws-restricting-teenagers-access-abortion.

Arthur, Joyce, Rebecca Bailin, Kathy Dawson, Megan Glenwright, Autumn Reinhardt-Simpson, Meg Sykes and Alison Zimmer. "Review of 'Crisis Pregnancy Centre' Websites in Canada." Abortion Rights Coalition of Canada, May 2016. arcc-cdac.ca/CPC-study/CPC-Website-Study-ARCC-2016.pdf.

Boonstra, Heather D. "Abortion in the Lives of Women Struggling Financially: Why Insurance Coverage Matters." *Guttmacher Policy Review* 19 (July 14, 2016). guttmacher.org/gpr/2016/07/abortion-lives-women-struggling-financially-why-insurance-coverage-matters.

Bracey Sherman, Renee. "What the War on Reproductive Rights Has to do With Poverty and Race." *Yes! Magazine*, May 25, 2016. yesmagazine.org/peace-justice/what-the-war-on-reproductive-rights-has-to-do-with-poverty-and-race-20160525.

Bracey Sherman, Renee. "Who Should You Listen to on Abortion? People Who've Had Them." *New York Times*, May 20, 2017. nytimes.com/2017/05/20/opinion/sunday/abortion-people-whove-had-them.html.

Catholics for Choice. "About Us." catholicsforchoice.org/about-us/.

Center for Reproductive Rights. "Evaluating Priorities: Measuring Women's and Children's Health and Well-being against Abortion Restrictions in the States—Volume II." August 1, 2017. reproductiverights.org/EvaluatingPriorities.

Deibel, Kersha. "Kersha's Story." We Testify: Our Abortion Stories. https://wetestify.org/stories/kershas-story/.

DePass, Tanya. "Tanya Depass's Abortion Story." We Testify: Our Abortion Stories. https://wetestify.org/stories/tanya-depass-abortion-story/.

Essert, Matt. "The States with the Highest Teenage Birth Rates Have One Thing in Common." Mic, Sept. 14, 2015. https://mic.com/articles/98886/the-states-with-the-highest-teenage-birth-rates-have-one-thing-in-common#.eGIOKThhH.

Groen, Danielle. "When It Comes to Abortion, Do Medical Schools Need to Smarten Up?" *Chatelaine*, Feb. 17, 2015. chatelaine.com/living/features-living/abortion-education-canada-medical-schools-smarten-up/.

Guttmacher Institute. "Targeted Regulation of Abortion Providers." Dec. 1, 2017. guttmacher.org/state-policy/explore/targeted-regulation-abortion-providers.

Jane's Due Process. "Who Gets a Judicial Bypass?" June 14, 2017. https://janesdueprocess.org/blog/gets-judicial-bypass/.

Jerman, Jenna, Rachel K. Jones and Tsuyoshi Onda. "Characteristics of Abortion Patients in 2014 and Changes Since 2008." Guttmacher Institute, May 2016. guttmacher.org/report/characteristics-us-abortion-patients-2014.

Joffe, Carole. *Dispatches from the Abortion Wars: The Costs of Fanaticism to Doctors, Patients, and the Rest of Us*. Boston: Beacon Press, 2011.

Joyce, Kathryn. "Meet the Medical Students for Choice." *Conscience Magazine*, June 29, 2015. consciencemag.org/2015/06/29/meet-the-medical-students-for-choice/.

Kost, Kathryn, Isaac Maddow-Zimet and Alex Arpaia. "Pregnancies, Births and Abortions Among Adolescents and Young Women in the United States." Guttmacher Institute, September 2017. guttmacher.org/report/us-adolescent-pregnancy-trends-2013.

Martin, Nina. "The Supreme Court Decision That Made a Mess of Abortion Rights." *Mother Jones*, Feb. 29, 2016. motherjones.com/politics/2016/02/supreme-court-decision-mess-abortion-rights/.

Mickleburgh, Rod. "Garson Romalis Risked His Life to Perform Abortions." *Globe and Mail*, Feb. 21, 2014. theglobeandmail.com/news/british-columbia/garson-romalis-risked-his-life-to-perform-abortions/article17052093/?page=all.

National Abortion Federation. "Abortion Myths." https://prochoice.org/education-and-advocacy/about-abortion/abortion-myths/.

National Women's Law Center. "The Hyde Amendment Creates an Unacceptable Barrier to Women Getting Abortions." April 21, 2017. https://nwlc.org/resources/hyde-amendment-creates-unacceptable-barrier-women-getting-abortions/.

O'Brien, Jon. "The Catholic Case for Abortion Rights." *Time online*. September 22, 2015. Accessed at time.com/4045227/the-catholic-case-for-abortion-rights/.

Parker, Willie. *Life's Work: A Moral Argument for Choice*. New York: Simon & Schuster, 2017. Quotes from pp. 6 and 9.

Rankin, Lauren. "What It's Really Like to Be a Volunteer Escort at an Abortion Clinic." *HuffPost*, Dec. 2, 2015. huffingtonpost.com/lauren-rankin/what-its-like-volunteer-escort-abortion-clinic_b_8700370.html.

Stanger-Hall, Kathrin F., and David W. Hall. "Abstinence-Only Education and Teen Pregnancy Rates: Why We Need Comprehensive Sex Education in the U.S." *PLoS ONE* 6, no. 10 (2011). ncbi.nlm.nih.gov/pmc/articles/PMC3194801/.

United States House of Representatives, Committee on Government Reform—Minority Staff, Special Investigations Division. "The Content of Federally Funded Abstinence-Only Education Programs." Prepared for Rep. Henry A. Waxman, December 2004. spot.colorado.edu/~tooley/HenryWaxman.pdf.

Wiebe, Ellen R., Lisa Littman, Janusz Kaczorowski and Erin Moshier. "Misperceptions About the Risks of Abortion in Women Presenting for Abortion." *Journal of Obstetrics and Gynaecology Canada* 36, no. 3 (March 2014): 223–230. jogc.com/article/S1701-2163(15)30630-7/pdf.

Williams, Amanda. "Why I Testified in Texas." We Testify: Our Abortion Stories. https://wetestify.org/stories/why-i-testified-in-texas/.

Willow Women's Clinic. "Myths and Facts About Abortion." 2010. willowclinic.ca/?page_id=287.

Wolfe, Jessica Duffin. "Why I Am an Abortion Doctor, by Garson Romalis" (speech at University of Toronto Law School Symposium, Jan. 25, 2008). *Toronto Review of Books*, Oct. 29, 2012. torontoreviewofbooks.com/2012/10/why-i-am-an-abortion-doctor-by-dr-garson-romalis/.

4장

BBC News. "Black Monday: Polish Women Strike Against Abortion Ban." Oct. 3, 2016. bbc.com/news/world-europe-37540139.

Burns-Pieper, Annie. "Trump Changes to Foreign Aid Restricting Access to Family Planning Services in Poorest Countries." CBC News, Sept. 16, 2017. cbc.ca/news/world/mexico-city-policy-affecting-madagascar-and-zimbabwe-1.4284893.

Casey, Ruairi. "Ireland's Overwhelming Vote to Repeal Abortion Restrictions Is New Evidence of a Changed Nation." *Los Angeles Times*, May 26, 2018. latimes.com/world/la-fg-ireland-abortion-referendum-20180526-story.html.

Davies, Christian. "Poland's Abortion Ban Proposal Near Collapse after Mass Protests." *Guardian*, Oct. 5, 2016. theguardian.com/world/2016/oct/05/polish-government-performs-u-turn-on-total-abortion-ban.

Gambino, Lauren. "Women's Rights Groups Brace for Trump: 'We Are Used to Fighting Impossible Odds.' *Guardian*, Nov. 18, 2016. theguardian.com/society/2016/nov/18/womens-right-groups-fight-trump-pence-abortion-birth-control.

Gemzell-Danielsson, Kristina, and Amanda Cleeve. "Estimating Abortion Safety: Advancements and Challenges." *Lancet* 390, no. 10110 (2017): 2333–2334. thelancet.com/journals/lancet/article/PIIS0140-6736(17)32135-9/fulltext.

Gorlick, Adam. "Abortions in Africa Increase Despite Republican Policy to Curb Payment for Procedures." *Stanford Report*, September 28, 2011. http://news.stanford.edu/news/2011/september/abortion-africa-policy-092811.html.

Gunter, Joel. "Abortion in Ireland: The Fight for Choice." BBC News, March 8, 2017. bbc.com/news/world-europe-39183423.

Guttmacher Institute. "Adding It Up: Investing in Contraception and Maternal and Newborn Health, 2017." guttmacher.org/fact-sheet/adding-it-up-contraception-mnh-2017.

Guttmacher Institute. "Induced Abortion Worldwide." September 2017. guttmacher.org/fact-sheet/induced-abortion-worldwide.

Haddad, Lisa B., and Nawal M. Nour. "Unsafe Abortion: Unnecessary Maternal Mortality." *Reviews in Obstetrics and Gynecology* 2.2 (2009): 122–126. ncbi.nlm.nih.gov/pmc/articles/PMC2709326/.

Human Rights Watch. "Trump's 'Mexico City Policy' or 'Global Gag Rule': Questions and Answers." Human Rights Watch, updated June 22, 2017. hrw.org/news/2017/06/22/trump-mexico-city-policy-or-global-gag-rule.

Hunter, Molly, and Fergal Gallagher. "Irish From All Over the World Are Flying Home to Vote in Ireland's Abortion Referendum." ABC News, May 24, 2018. abcnews.go.com/International/irish-world-flying-home-vote-irelands-abortion-referendum/story?id=55380085.

Independent.ie Video Team. "'Ireland Has Lit a Beacon of Hope for Countries All Over the World'—Together for Yes campaign." Video produced for *The Independent*, 2:21, May 27, 2018. independent.ie/videos/irish-news/watch-ireland-has-lit-a-beacon-of-hope-for-countries-all-over-the-world-together-for-yes-campaign-36950876.html.

International Women's Health Coalition. "Trump's Global 'Protecting Life' Policy Endangers Lives." May 16, 2017. https://iwhc.org/2017/05/trumps-global-protecting-life-policy-endangers-lives/.

Irish Family Planning Association. "Abortion in Ireland: Statistics." 2016. ifpa.ie/Hot-Topics/Abortion/Statistics.

Mundasad, Smitha. "Abortion Study: 25% of Pregnancies Terminated, Estimates Suggest." BBC News, May 12, 2016. bbc.com/news/health-36266873.

Sang-Hun, Choe. "South Korea Confronts Open Secret of Abortion." *New York Times*, Jan. 5, 2010. nytimes.com/2010/01/06/world/asia/06korea.html.

Sherwood, Harriet. "Savita Halappanavar's Father Thanks Irish Voters for 'Historic' Abortion Vote." *Guardian* (international edition), May 26, 2018. theguardian.com/world/2018/may/26/savita-halappanavar-father-thanks-irish-voters-for-historic-abortion-vote.

Smyth, Catherine. "Abortion: UK 'Breaches NI's Women's Rights.'" BBC News, Feb. 23, 2018. http://bbc.com/news/uk-northern-ireland-43167255.

Whitten, Diana, dir. *Vessel*. United States: Sovereignty Productions, in association with Fork Films, Impact Partners, and Chicken and Egg Pictures. 2014. 1 hr. 26 min.

World Health Organization. "Unsafe Abortion Incidence and Mortality." World Health Organization, 2012. http://apps.who.int/iris/bitstream/10665/75173/1/WHO_RHR_12.01_eng.pdf.

5장

Abortion Rights Coalition of Canada. "Position Paper #100: Why ARCC Supports Reproductive Justice." December 2015. arcc-cdac.ca/postionpapers/100-reproductive-justice.pdf.

American Civil Liberties Union. "After a Month of Obstruction by the Trump Administration, Jane Doe Gets Her Abortion." American Civil Liberties Union and the ACLU Foundation, Oct. 25, 2017. aclu.org/news/after-month-obstruction-trump-administration-jane-doe-gets-her-abortion.

Barar, Rana. "Rana Barar's Abortion Story." We Testify: Our Abortion Stories. https://wetestify.org/stories/rana-barars-abortion-story/.

Bracey Sherman, Renee. "Who Should You Listen to on Abortion? People Who've Had Them." New York Times, May 20, 2017. nytimes.com/2017/05/20/opinion/sunday/abortion-people-whove-had-them.html.

Bracey Sherman, Renee. "We Testify's Origin Story." We Testify: Our Abortion Stories. August 2016. https://wetestify.org/stories/we-testifys-origin-story/.

CBC News. "Abortion Pills Accessed Online Are as Safe, Effective as Clinics: Study." May 16, 2017. cbc.ca/news/health/medical-abortion-telemedicine-1.4118688.

CREA. "#Abort the Stigma: For Safe Abortion Access and Reproductive Justice." creaworld.org/abortthestigma.

Cruz, Caitlin. "Dr. Willie Parker Wants to Take Back the Moral High Ground on Abortion." Rolling Stone, April 10, 2017. rollingstone.com/politics/features/willie-parker-taking-back-the-moral-high-ground-on-abortion-w475403.

Grant, Kelly. "Abortion Pill's Canadian Launch Delayed by Lack of Coverage, Distribution Rules." Globe and Mail, updated March 23, 2017. theglobeandmail.com/news/national/abortion-pills-canadian-launch-delayed-by-lack-of-coverage-distribution-rules/article34181063/.

Gutiérrez, Jack Qu'emi. "Jack Qu'emi Gutiérrez's Abortion Story." We Testify. https://wetestify.org/stories/jack-quemi-gutierrezs-abortion-story/.

Hernandez, Yamani. "Want to Win on Abortion? Talk About It as an Issue of Love, Compassion." Rewire, June 7, 2017. https://rewire.news/article/2017/06/07/want-win-abortion-talk-issue-love-compassion/.

Ipas. "Using Street Theater to Teach About Safe Abortion." Ipas, Aug. 3, 2016. http://spotlight.ipas.org/using-street-theater-to-teach-about-safe-abortion.

Landers, Elizabeth. "Vice President Mike Pence Speech Right at Home at March for Life." CNN, updated Jan. 27, 2017. cnn.com/2017/01/27/politics/mike-pence-march-for-life-speech/index.html.

1 in 3 Campaign. "1 in 3." 1 in 3 Campaign: A Project of Advocates for Youth. http://1in3campaign.org/.

Parker, Willie. *Life's Work: A Moral Argument for Choice.* New York: Simon and Schuster, 2017. Quotes from p. 27.

Planned Parenthood Toronto. "Trans and Nonbinary Youth Inclusivity in Sexual Health Guidelines for Sexual Health Service Providers and Educators." April 2016. ppt.on.ca/ppt/wp-content/uploads/2016/04/Trans-and-nonbinary-youth-inclusivity-in-sexual-health-guidelines-FINAL.pdf.

Reproductive Justice New Brunswick. "Help Us Ensure Access to Safe Abortion in N.B." FundRazr, 2014. https://fundrazr.com/campaigns/aoCmf.

Richards, Cecile. "Planned Parenthood Action Fund's Statement on Donald Trump's Election as Next President of the United States." Planned Parenthood press release, Nov. 9, 2016. plannedparenthoodaction.org/pressroom/planned-parenthood-action-funds-statement-donald-trumps-election-next-president-of-the-united-states.

Ross, Loretta. "Understanding Reproductive Justice." Trust Black Women, updated March 2011. trustblackwomen.org/our-work/what-is-reproductive-justice/9-what-is-reproductive-justice.

West, Lindy. "I Set Up #ShoutYourAbortion Because I Am Not Sorry, and I Will Not Whisper." *Guardian*, Sept. 22, 2015. theguardian.com/commentisfree/2015/sep/22/i-set-up-shoutyourabortion-because-i-am-not-sorry-and-i-will-not-whisper.

옮긴이 박윤정

대학원에서 영문학을 전공한 후 번역가로 활동하고 있다. 지극한 감동의 순간과 고양이, 걷기와 그리기를 사랑한다. 소통과 창조의 또 다른 형식을 모색하며, 명상과 예술의 통합을 일상 전반에서 소박하게 구현하며 사는 삶을 꿈꾸고 있다. 옮긴 책으로《사람은 왜 사랑 없이 살 수 없을까》《디오니소스》《달라이 라마의 자비명상법》《틱낫한 스님이 읽어주는 법화경》《식물의 잃어버린 언어》《생활의 기술》《생각의 오류》《플라이트》《만약에 말이지》《영혼들의 기억》《고요함이 들려주는 것들》《치유와 회복》《그대의 마음에 고요가 머물기를》《종교 없는 삶》《바흐의 음악은 어떻게 우리의 영혼을 채우는가》등이 있다.

나의 몸, 나의 선택

초판 1쇄 발행일 2021년 9월 10일

지은이 로빈 스티븐슨
옮긴이 박윤정
펴낸이 김현관
펴낸곳 율리시즈

책임편집 김미성
표지디자인 송승숙
본문디자인 진혜리
본문일러스트 미그 피츠제럴드
종이 세종페이퍼
인쇄및제본 올인피앤비

주소 서울시 양천구 목동중앙서로7길 16-12 102호
전화 (02) 2655-0166/0167
팩스 (02) 6499-0230
E-mail ulyssesbook@naver.com
ISBN 978-89-98229-92-4 03330

등록 2010년 8월 23일 제2010-000046호

ⓒ 2021 율리시즈 KOREA

책값은 뒤표지에 있습니다.